文史存典
WENSHI CUNDIAN

李学勤·主编

如此世界　如何中国

史學

雷海宗·著

中国文史出版社

图书在版编目（CIP）数据

如此世界　如何中国 / 雷海宗著 . -- 北京：中国文史出版社，2018.6

（文史存典系列丛书 . 史学卷）

ISBN 978-7-5205-0198-9

Ⅰ . ①如… Ⅱ . ①雷… Ⅲ . ①社会科学—文集 Ⅳ . ① C53

中国版本图书馆 CIP 数据核字（2018）第 065276 号

出 品 人：刘未鸣　　**责任编辑：**窦忠如　张蕊燕
策 划 人：窦忠如　　**责任校对：**程铁柱
装帧设计：润一文化　　**实习编辑：**孟凡龙　王　丰

出版发行：中国文史出版社
社　　址：北京市西城区太平桥大街 23 号　邮编：100811
电　　话：010—66173572　66168268　66192736（发行部）
传　　真：010—66192703
印　　装：廊坊市海涛印刷有限公司
经　　销：全国新华书店
开　　本：720 毫米 ×889 毫米　1/16
印　　张：9.25
字　　数：107 千字
版　　次：2018 年 7 月北京第 1 版
印　　次：2018 年 7 月第 1 次印刷
定　　价：39.00 元

《文史存典系列丛书》学术顾问委员会

（按照姓氏笔画排序）

出版说明

中华民族历史悠久，文化源远流长，各个领域都熠熠闪光，文史著述灿若星辰。遗憾的是，“五四”以降，中华传统文化被弃之如敝屣，西风一度压倒东风。“求木之长者，必固其根本；欲流之远者，必浚其泉源。”中华优秀传统文化是中华民族的精神命脉，也是我们在激荡的世界文化中站稳脚跟的坚实根基。因此，国人需要文化自觉的意识与文化自尊的态度，更需要文化精神的自强与文化自信的彰显。有鉴于此，我社以第五编辑室为班底，在社领导的统筹安排下，在兄弟编辑室的通力合作下，在文化大家与学术巨擘的倾力襄助下，耗时十三个月，在浩如烟海的近代经典文史著述中，将这些文史大家的代表作、经典等遴选结集出版，取名《文史存典系列丛书》（拟10卷），每卷成立编委会，特邀该领域具有标志性、旗帜性的学术文化名家为主编。

“横空盘硬语，妥帖力排奡。”经典不是抽象的符号，而是一篇一篇具体的文章，有筋骨、有道德、有温度，更有学术传承的崇高价值。此次推出第一辑五卷，包括文物卷、考古卷、文化卷、建筑卷、史学卷。文物卷特请谢辰生先生为主编，透过王国维、傅增湘、朱家溍等诸位先生的笔端，撷取时光中的吉光片羽，欣赏人类宝贵的历史文化遗产；考古卷特请刘庆柱先生为主编，选取梁思永、董作宾、曾昭燏先生等诸位考古学家的作品，将历史与当下凝在笔端，化作一条纽带，让我们可以触摸时空的温度；文化卷特请冯骥才先生为主编，胡适、陈梦家、林语堂等诸位先生的笔锋所指之处，让内心深处发出自我叩问，于夜阑人静处回响；建筑卷特请吴良镛先生为主编，选取梁思成、林徽因、刘敦桢等诸位哲匠的作品，遍览亭台、楼榭、古城墙，感叹传统建筑工艺的“尺蠖规矩”；史学卷特请李学勤先生为主编，跟随梁启超、陈寅恪、傅斯年等诸位史学大家的笔尖游走在历史的长河中，来一番对悠悠岁月的探源。

需要说明的是，限于我们编辑的学识，加之时间紧促等缘故，遴选的文章未必尽如人意，编选体例未必尽符规律，编校质量未必毫无差错，但是谨慎、认真、细致与用心是我们编辑恪守的宗旨，故此敬请方家不吝指谬。

中国文史出版社

2018年4月16日

目录

如此世界 / 1

时代的悲哀 / 3
如此世界，如何中国 / 11
和平与太平 / 19
国际和平展望 / 25
欧美民族主义的前途 / 29
历史的形态与例证 / 35

如何中国 / 55

中国文化的两周 / 57
雅乐与新声 / 91
君子与伪君子 / 99
学者与仕途 / 105
出路问题 / 109

此次抗战在历史上的地位 / 113
建国——在望的第三周文化 / 121
五四献言 / 129
近代化中的脑与心 / 133

如此世界

时代的悲哀

今日的世界正处在一个大的动乱时代，到处都是问题，每一个问题又好似都没有妥善的解决方案，以致人心普遍的不安，被一种莫可名状的忧虑心理所笼罩，一若非常的大祸随时就要临头的模样。但我们若随便找一个警觉性锐敏的人去问，今日世界的问题究竟何在，他恐怕又将无辞以对。若问一百个人非要答案不可，很可能要得一百种不同的说法。若说今日的问题，是社会不公道，诚然无人否认。但过去较今日尤不公道的时代尚多，当时似乎并无今日的普遍的失望，若说是经济的不景气，生活有困难，这也是人有同感的。但就经济上讲，过去的时代很少能与今日比拟，今日经济问题的严重性并不超过历史上多数的时代，恐怕多数人的生活还远优于前代；但过去的人并无今日的不满与悲观。若说是政治不合理，那也是任何人都可接受的说法；但政治的完全合理，一向只在理想世界存在，并不属于实际的世界，而从前生在实际世界的人类并不如我们这样的总有不可终日之感。

“哀莫大于心空”

根本的问题究竟何在？或者无人愿意武断的作答。但我们为备一说，不妨认为今日世界最大最根本的问题就是缺乏信仰；“哀莫大于心死”，似可改为“哀莫大于心空”。今日的人心，普遍的空虚无主，所谓对政治、对社会、对经济、对一切的不满与反抗，主要的都由空虚而来。我们为清楚起见，若极端的讲一切不满的表示、一切反抗的行动、一切清楚的或不清楚的、说得出的或说不出的欲望，可说都是借口，都是内心烦恼状态下向外找发泄对象的一种活动。一般人所喊的、所做的、所追求的，并不代表他们内心中真正的要求。所以他们表面所悬的目标即或达到，他们仍是不会满足，恐怕还要找其他的发泄对象，以便排出他们心中的无穷闷气。

基督教维系不了人生

我们以上的话，并非专论中国，也非特指欧美而言，这种时代症是有世界性的，中西各国都不能免。先讲西洋，过去支配欧美的人心的是基督教。任何痛苦，任何混乱的时代，人心中都有基督教的信仰作为生活的指针，最困难也不致完全无望。心安理得，身外的一切问题都比较的容易应付。即或应付不了，也不致有漂泊无主之感。这种局面一直维持到十九世纪。十九世纪是最后的有信仰的时代，大体上讲，十九世纪是浪漫主义的时代。对于三四百年前盛行的、法国革命才完全推翻的封建制度，与封建制度下的宗教神秘、社会状态、人生理想，欧美的人类发生最后一次的回忆与无限温情的向往。对于封建时代的历史，欧美人士是到十九世纪才彻底研究的。对于封建时代的文化，欧美人士是到十九世纪才真正的赏鉴的。十九世纪的人不一定都信宗教，然而都有宗教的精神，靠着宗教传统所赐予的余力，一般人对世界仍然乐观，对宇宙仍有希望，对人生仍认为是有无限的前途，半宗教的半科学的无限进步论可说是十九世纪的中心信仰。所以有人称十九世纪为“希望的世纪”，能说清楚的人或者很少，但每个人对于未来都怀有无穷的希望。这个心理的乐园，及今思之，已是梦境。点破这个幻梦的就是二十世纪初期的第一次世界大战。第一次大战的欧美人类，都渐渐感到十九世纪只是一种回光返照，是末世前夕的一种盛世追忆。这种感觉，到第二次大战的今日更为普遍，普遍到无人认为值得多谈的程度。今日欧美的人心是没有希望的、没有信仰的、没有前途的，只有对于身外的一切乱事抨击，以求得一种临时的虚伪安慰。这种安慰有如鸦片所给的安慰，没有真正满足之时，并且恶瘾愈来愈深，终极的前途是整个的毁灭。

中国的家族主义也失了效用

中国的历史背景与文化传统虽与欧美不同，但因受了强有力的西洋的一百年的动荡，我们今日已经不由自主，在大潮流上无法逃脱欧美的影响；欧美的精神空虚，在中国也同样的出现。中国原来也有宗教，就是家庭主义或家族的崇拜。所谓拜祖，并非拜祖，而是拜祖先所象征的过去现在与未来的整个家族，就是“拜子孙”也无不可。周代的铜器上，多刻有“子子孙孙永宝用”一类的字句，这是家族主义最清楚的表现。讲孝道，讲三年丧，讲繁杂丧服制度，这都是以家庭为中心的宗教行为。个人之前有无穷世代的祖先，个人之后有无穷世代的子孙，个人只是这个无穷之间的一个小点，个人的使命不是自己的发展，而是维持无穷的长线于不坠；有助于维持此线的个人发展，才是有意义有价值的发展。人生不能专为自己，必须有大于自己的理想目标，作为自己追求的最高目的。这是古今一切宗教的共同点。中国自四千年前文化初开起，就选择了家族生命与家庭发展为人生的最高目标，四千年间并无根本的变化。佛教本是一种反家族的或非家族的宗教，但传入中国后，就很快的中国化，轮回因果变成家庭的盛衰的一种解释与保障，超脱七世父母的盂兰盆会在一般的意识中是佛教的最大典礼。至于与家族无关的佛学奥义，那是少数人的研究题目，并非一般人的信仰对象。这是家族主义根深蒂固的明证，把一种反家族的外来信仰也变成维持家族的一种助力。

但这种局面今日已经过去，或将要过去，或已微弱不堪，不能再作为满足人心的一种精神力量。过去一个中国人的全部需要、全部欲望、全部的精神要求，都在家族的园地内得到满足。成年后，就结婚，生理的最大需要已无问题。娶妻后就生子，自己上下衔接，自然感到成为无穷世代中的一环，精神已有寄托，无须再有更抽象更超然的理想或信仰。娶妻生子后若有新的发展，也不过是做一番光宗耀祖扬名于后世的以家族为中心的事业；否则只在家门之内安分度日，身体精神两方面已都可没有空虚之感。但今日情势大变，成年后不一定娶妻，娶妻后不一定生子，即或娶妻生子，因为家族的环境已改，也不能再满足一个人的全部精神需要。凡是一个中年人以上的青年，总有空虚之感。仅打个人的小算盘的终属少数，多数人都要把自我扩大，追求超然的理想。而可悲的就是旧的理想已不适用，西洋也不能给我们一个完全满意的新的理想，许多青年只有左右彷徨，无所适从。

俄罗斯民族的新生力量

西洋的发展如彼，中国的发展又如此，按理今日是到了宗教复兴或新宗教创立的时会。但最少在目前，所有旧的宗教都无复兴的生力，新的宗教也无创立的征兆，人心最大需要无从满足，这是今日全世界各地莫可名状的动乱的根本原因。心地空虚的人，对于外界的一切都会感到厌弃的。但饥者不择食，渴者不择饮，饥渴至极的今日人心必要寻找一个止痛救苦的力量。逢巧今日世界上有一个富有信仰力量的民族，有创造新宗教的潜力，自然成为许多人的向往之路。这就是俄罗斯民族。

撇开至今没有前途的非洲的许多民族不谈，俄罗斯人是今日世界文化发展上最年轻的民族。中国、印度、回教世界、西欧北美，就文化的过程言，都已到了早期的或晚期的成年时代。唯一尚未成年的，距离成年尚远的就是俄罗斯。年轻的民族是必有宗教的，无论为自创或外来，宗教必是民族的最大支持力与支配力。俄罗斯民族没有自创宗教，它的宗教是由拜占庭帝国接受的希腊教。不幸自大彼得受西化实行变法之后，希腊教日愈腐败，成为政治的可怜工具，引起有心人的深刻反感。十八世纪以下的俄罗斯文豪无不秉有深刻的宗教精神，但同时多数人都厌弃正统的希腊教。这是一极不幸的矛盾。矛盾的最后结果就是一九一七年的布尔塞维克的革命。在精神上讲，布尔塞维克是一个浑厚的原始民族创造宗教与新文化的革命运动，但它所打的一个重要的旗号却是一种强烈的反宗教主义。一个根本上属于宗教性的运动而喊出反宗教的口号，岂不是最可悲的一种矛盾？这个矛盾完全是希腊教的罪恶所造成。一个宗教运动而唾弃宗教，它就只有把信仰的目标转移到政治社会经济制度之上，强以实现没有阶级的社会，以实现此世的乐园，为宗教的信仰与宗教的目的。然而实际的政治总是一种妥协的勾当，永远难满人意，把实际政治作为理想与信仰，是注定失望的。神秘的基督教、回教及其他类似宗教不必说，连中国的家族宗教，把信仰的对象也寄托在已死的很容易理想化的祖先身上，以及未生的更容易理想化的子孙身上，所以家族主义也不失为鼓励人心的一种活力。但实际的政治与此不同，眼前所见的都是古今政治场所的不美现实，在这种情形下而要人长久维持宗教热诚，显然的大非易事。

布尔塞维克主义何以轰动世界

而我们现在所要谈的不是俄罗斯，而是俄罗斯所影响的外面世界。无论如何的不满人意，一九一七年的革命显然是适合俄罗斯民族的一部分要求而解放了民族一部的潜力，使他能在一种奇特的政治性宗教之下发挥出宗教的努力与奋斗精神。宗教性尤其显著的，就是它的宣传精神与同化能力，在人类历史上这是新宗教所独有的特征。第三国际存在也好，废除也好，布尔塞维克主义的向外传播是一样的。逢巧今日世人之望宗教，有如大旱之望云霓，所以俄罗斯民族的向外宣传特别顺利。真正讲来，许多人所接受的，主要的不是任何的政治经济理想，而是这种理想背后的宗教精神与宗教安慰。所以对于一个已信的人，他人若想用辩理的方法来证明他政治理想的错误或不妥，那是最愚不过的企图，因为整个事情根本不是理性的问题，而是信仰的问题，用辩理去推翻信仰，是向来没有成功之望的。今日世界各国，正式加入共产党的人都属少数，往往是极少数，但接受共党主义的所谓左倾思想或左倾心理，今日却相当普遍。青年人尤其多受此种影响。一个人在二十岁左右，是最需要信仰的时候，在旧信仰都已失效的今日，各国的青年很自然的就群趋于这唯一的新信仰。今日许多青年的醉心于苏联的一切，为苏联而忘身忘家、忘国家民族，都可由此中得到解释。这是一种宗教现象，一种不可理喻的而最自然不过的人类行为。

但悲哀也由此而来

但时代的悲哀也由此而来。把信仰寄托在实际政治上，总是非常危险的。在短暂的狂热时期，可以只求理想，不问实际，闭眼而不看实际，看见而仍否认实际。但很少人有长久维持这种超绝狂热的本领。迟早要有一天，信徒们要了解政治终是政治，不只在策略上不择手段，在目标上也往往要违背本心。愈是诚恳的人愈易感到失望，失望的程度也必愈深。凡是与青年接触较多，并以同情的态度观察青年的人，心中都有一种不可磨灭的痛苦印象：就是热烈几年之后的一些青年面孔，一种任何的物质打击所不能产生的面孔。双目无神，面部全无表情，象征精神之几乎全部死去。并且这种青年都是最有希望的青年，神经最敏，理想最高，热情最奔放。一般的青年可于失望后摒弃一切信仰，专心从事个人的事业，不再过问难以捉摸的问题。他们当然也有痛苦，但痛苦是暂时的，是有止境的。少数特别诚恳的青年，却不能忍受失望的打击。深的创痕终生不能治疗。他们为生活的驱使，或能机械的从事一种事业，但他们永不能再有自发的振作。“哀莫大于心死”一词，可以改变意义而应用到这种青年身上，他的心已因不堪摧残而死去，他们已成了行尸走肉，不是可耻的，而是可怜的、最值得同情的行尸走肉。这种人各国都有，并且不在少数。这是二十世纪的时代悲哀。尤其可悲的，就是这种时代悲哀短期还看不出解脱的迹象，使人对整个局面发生最痛苦的爱莫能助之感。我们只能相信人类文化尚未发展到尽头，只能希望人类的自寻烦恼仅是一时的现象，只能认定人类的创造力量还有新发展的可能；在黑暗中的短期摸索之后，不久可以发现一片光明的无限前程。

（原载《中国文化与中国的兵》，台北里仁书局，1984 年版）

如此世界，如何中国

世界大小六十余国，撇开法理与表面的名义不谈，专就实际而论，可以分为三类，就是强国、自保之国，与殖民地。强国为“力”的中心，其力的自然趋势为向外发展。殖民地为强国之“力”的发展对象，在法理上已成殖民地的区域不必说，连许多名义上仍有独立主权的国家实际也属于此类。自保之国介乎二者之间，其力勉强足以自保，不致成为他人的殖民地，同时也不能向外发展，不能自有殖民地。以上是就事理而言。具体的逐国推敲，任何一国都不是注定的要永久属于三类中的一类。强国可因内在的销蚀或外来的打击而成为自保之国，甚至降为殖民地。自保之国如果努力不辍而又善于利用机会，也可成为强国；相反的，当然也有堕为殖民地的可能。殖民地要改变自己的地位，比较困难，但如一方面奋斗不懈，一方面紧抓机会，有时也可跃为自保之国。各国间此种地位的蜕变与升降，就是国际政治的主题。由此立场去观察，是我们明了世界与认识中国的最简便的方法。

为更透彻地了解战后的今日世界，我们必须对于战前的世界先认识清楚。战前的强国或可称强国的有七个，就是所谓侵略主义的德意日三国与所谓爱好和平的英美苏法四国。其中法国的强国地位颇为勉强，法国实际上已成为介乎强国与自保国之间的一个灰色国家。德意两国合称轴心，有如连环，可以合观。德国在当时把握全部的中欧，西向威胁法国，东向威胁苏联。意大利于德国的支持之下，在欧洲向近东发展，占有阿尔巴尼亚，威胁希腊；在地中海与英法争斗，经地中海而达非洲，攫夺或威胁英法的殖民地或势力范围。中东也在轴心的侵略计划中，但直到欧战爆发的一九三九年，德意的力量尚未能有效地进入中东。

日本有大陆与海洋两方的侵略政策。在大陆上日本一面威胁苏联而未能得手，一面伸入中国，强占东北，分化内蒙，压迫华北。在海洋上日本一面向南洋扩充，一面在太平洋与美国抗衡。苏联此时大体仅能自保，东西两面受日德的威胁，时刻自危；但对中国则始终不肯放松，外蒙完全席卷以去，新疆也在掌握之中，只有多年垂涎的所谓北满不得不忍痛让与日本。

在西方，名为强国的法兰西岌岌堪危，东境受德国的包围，南境有意大利窥伺，海外虽有帝国，北非各地意大利时思染指，越南已被日本认为当然的侵略对象。英国仍是真正的强国，在大西洋上与美国维持平衡；地中海的大部属于英国，近东巴尔干为英国的防线；经地中海，出印度洋，控制中东遥领印度。在过去，英国的势力经印度洋而达中国，但到第二次大战之前英国在中国势力已大减色。

新大陆的美国，除稳制拉丁美洲外，在大西洋上保有西半的一部势力，在太平洋上与日本对立，东太平洋可以控制，西太平洋的优势属于日本。至于对中国，美国虽自四十年前就已积极注意，但任何可能的发展都因日本的拦阻而归于停顿。

战前的中国，在过去百年已是列强的公同殖民地，列强也始终不容中国彻底改变殖民地的地位。但自一九二六年北伐之后，中国极力的想要发展为自保之国，英国在中国的原有势力一部退出，美国最少在表面上势力仍不甚大，只有苏日两国对中国不肯表示死心。苏联为大局所限，当时的活动限于外蒙与新疆，日本则倾全力以对付整个的中国。列强对中国都无善意，但最忌中国脱离殖民地地位的则为日本，它自认为与中国势不两立，对于任何可致中国于完全独立自主的运动它必千方百计地阻挠破坏。国民革命军的北伐正是这样的一个运动，所以日本不惜于一九二七、一九二八年间两度出兵山东，不使革命军顺利北上。迨阻挠证明为无效，三年后而九一八事变爆发，又过六年而中国被迫发动全面抗战。中日间的大战可说是不可避免的，日本坚要中国永为殖民地，中国决心要进为自保的国家，最后只有用战争来决定中国命运的路线。

日本与德意的无限扩展政策，引起了中国八年，欧洲六年，太平洋四年的第二次大战。这次全球战争是国际局势的一大革命，战争结束之后，德意日三大强国等于消灭，或可说都已成为殖民地。三国都很少有再起的机会，德国今日的东西分裂可能成为永久的局面；意大利的实力消耗过重，除地势的冲要外，意大利已是一个无足轻重的国家。日本今日名为由盟国公同占领，实际乃由美国单独占领，此种一国独占之局即或非为永久，也必为长期无疑。日本将来可以作为工具，再主动的兴起为强国的可能甚难想象，连成为自保之国的机会也微乎其微。

战前的重要国家，在今日仍值得注意的，为美、苏、英、法，与中国，恰巧就是联合国安全理事会中的五个常任理事国。法国的地位已经明朗化，战前尚可保持强国的空名，今日法国只能说是一个自保之国，并且连自保的地位也有随时丧失的可能。共党一旦得势，法国或成为国际战场，或成为国际性的内战场所。反之，如果戴高乐一类的人上台，法国就必积极企图恢复强国的地位，最少要摆出十足的强国架子，结果东西两大对法国都不表示欢迎，如果处理不善，可能会有内乱发生，以致连今日的地位也不能保。

战后的英国，与法国所差无几。它优于法国的有两点：一、它没有严重的共产党问题，因而无论局面如何发展，它内部的统一性不致发生动摇；二、它有永远可靠的美国援助，美国最少要支持英国的自保地位，如可能时，它也希望大英帝国不要全部清算，而是在美唱英随之下维持一个笼罩全世的盎格罗萨克逊帝国。英美之间可以时常发生误会，但在根本政策上两国总是互视为兄弟之邦，这是今日与今后国际政治中的一个基本事实。也就是因为这个基本事实，英国好像仍是一个“力的中心”的强国。然而英国因元气消耗太甚，纵有美国的支持，也无力再维持太阳不落的大帝国，多数重要的地带英国或撤退，如印度半岛，或请美国全部或一部接防，如地中海与中东。大西洋更不必说，在欧战初期的一九四一年英国就已全部的转让给美国了。

苏联与美国为第二次大战中的孪生骄子，所谓盟国胜利云云，仅是一句空话，胜利的只有美苏两国。其他参战各国的流血流汗，劳民伤财，为谁辛苦为谁忙？就结果言，显然的都是为美国与苏联。各国都只有损失而无收获，或收获微不足道。美苏两国虽然也有损失，但收获之大不知要超过损失多少倍。战后的美国，除照旧控制整个的拉丁美洲外，接收了不列颠帝国的大部，接收了日本帝国的大部，包括日本本部在内，接收了纳粹帝国的一部，此外并无形间承袭了法国与荷兰的南洋帝国。整个的大西洋，整个的地中海，整个的近东与中东，都是美国的天下，太平洋与南洋也是清一色的美国世界。战后的苏联，接收了纳粹帝国的大部，就是东欧与中欧，只把西欧留给美国；又接收了日本帝国的一部，就是中国的东北与太平洋边缘的南库页岛与千岛群岛。此外苏联想要进入地中海，插足近东与中东，但都为美国所阻。在最后还有一个全新的地带成为美苏的争夺对象，就是北极圈内外的冰天雪地世界。因为飞机要走近路，因为世界的陆地、资源与人口集中北半球，因为恰巧苏联与美国（包括加拿大）在北极边上对立，所以北半球中心的北极地带就成了地中海与近东中东以外两强所最注意的争夺焦点。美国除自己领土的阿拉斯加外，在战时已捷足先登，进入哥林兰岛与冰岛。苏联方面，只有自己少数的岛屿可用，但重要性都远在美国所控各地之下。所以无论是在近东中东，或是北极圈上，苏联都是居于劣势的；只有在欧洲大陆，苏联稍稍占优势。

在英法仅能自保，美苏到处对立的今日世界，中国居于何种地位？中国与朝鲜，一向不可分，今日仍然如此；就世界性军略政略言，我们可视朝鲜为中国的一部。自日本投降以来，苏联除在外蒙与新疆势力仍旧且加强其控制力外，并代日本而进入东北与朝鲜北部。法理如何，表面如何，名义如何，全不相干；今日东北的大部与北纬三十八度以北的朝鲜全在苏联的控制之下。至于美国方面，既已握有太平洋，既已占有日本，又安能不进一步而迈上东亚大陆？朝鲜南部的有形进占不必说，今日整个中国的美国关系，也只能说是无所逃避的执拗事实。过去因有日本，美国无从具体地触及中国，所以只能与中国发生抽象的道义之交。因为这种道义之交曾有四五十年的历史，也就是说，因为今日每一个中国人或美国人都是在此种道义之交的空气中生长成人，所以在心理上多视此种空气为当然。然而此一时也，彼一时也，个人的希望，尤其弱者的希望，安能影响实际的国际政治？今日诚然已经没有像日本那样彰明较著的非致中国死命不可的侵略国，但同时也绝无人会善意地赞助推进中国自强自保的运动。我们最多只能希望，在我们自求上进时，没有再像日本那样的外力出来蛮横干涉。求人不如求己，在个人已经如此，在国家尤其如此。被日本中途打断的建国运动，我们若要继续完成，只有依靠自力。“自力更生”并非空的口号，而是我们求生的唯一途径。

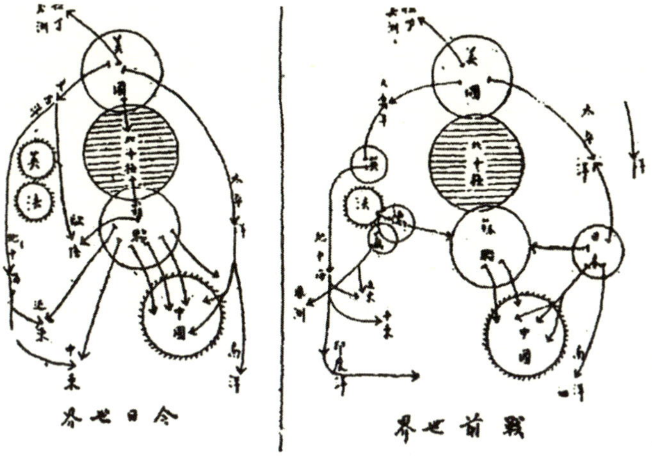

（注——附插图“战前世界”及“今日世界”，可与本文互相解释）

有人或者要问，我们若认真图强，安知没有第二个日本暗中干涉，安知没有第二个日本已在干涉？此事诚然无人敢武断地作答。但在以北极为中心的航空时代，中国占有一便宜，就是中国过度偏南，也就是说，中国的地位偏僻。今日强国所虎视眈眈的地带都在北纬四十度以北；只有中东，虽大部分在四十度以南，但因与近东及地中海密不可分，仍为大国所不肯放松。至于中国，除东北外，可说都在北纬四十度之南，所以别人对我们本可漠视；而别人不肯漠视，就是因为中国太大，唯恐中国真正统一强盛后不易对付。但我们只要真肯努力，同时又多抓外来的机会，别人对我们或者可以勉强放过，对于我们的图强运动不再暗中破坏，使我们能够成为一个足以自保的国家。世界如果不幸再有大战，中国唯一聪明的态度就是绝不参战，地位偏僻的中国本也无需参战，但这要假定中国的全部或大部已经统一安定；否则我们必将听人宰割，随人作战，最后无论孰胜孰败，中国都将消耗殆尽，濒于死亡。国际局面一张一弛，随时可以完全破裂，我们中国谋求自保的机会恐怕甚为短暂，只有全国人士痛下决心，紧抓机会，发展自力，方能应付未来的大难，中国才有永远自保的希望。

（原载《周论》创刊号，1948年1月16日）

和平与太平

我们今天常讲“国际和平”，过去中国总说“天下太平”。这两个名词不能互换使用，如果说“国际太平”或“天下和平”，那在文字上与观念上是不通的。“和平”是一个相对的名词，相对的观念。和平有两个假定：假定有列国，假定有战争，和平只是列国两次战争间的中间时期。既有列国，必有国际政治、国交与外交。有国际政治，必有利益冲突，利益冲突迟早必要引起战争。战争是列国世界必不可免的现象，几乎可说是自然的现象。

“太平”是一个绝对的名词，绝对的观念。太平也有两个假定：

假定世界统一，假定没有战争。过去中国称实际所知的世界为“天下”，在主观上“天下”就是整个的世界，所谓天下太平在主观上就是全世界的稳定安静，并且在理论上这个局面是永久的，战乱只是临时的与意外的变态现象。天下既已一家，当然没有国际战争；失调时可以发生内乱，但那只能说是美中的不足，不能影响“美”之根本为美。

人类历史，就大的政治轮廓言，只有两种类型，就是列国世界与大一统世界。先秦的中国，罗马独霸以前的地中海世界，今日的欧美，是我们知道较为清楚的三个列国时代。罗马帝国与秦汉以下的中国是两个有名的大一统世界。列国时代，战争为正常，和平只是旧战争后的休息时期与新战争前的准备时期。大一统时代，太平为正常，战乱只是脱离正轨的短期现象。今日的世界，实际包括整个地球的世界，是一个以欧美为中心的世界。欧美仍在列国，它把世界也组成一个大的列国；连当初自成大一统的中国，今日也不过是欧美列国中的一员。列国没有太平，没有太平的观念，所以也没有太平的名词，今日在欧美的各种文字中找不出一个相当于中文“太平”的名词。但第二次大战后的欧美人类，似乎已开始有大一统的模糊感觉，可能不久要有与“太平”意义相同的名词出现。但这是后话，暂且不必多加揣测，我们仍然继续讨论比较抽象的道理。

和平与太平，除了根本的性质不同外，时间上也有很大的差异。和平时期总是甚短，太平时期却可以很长。和平很少能够维持五十年的；两次大战之间，最多不过五十年，五十年间并且一定有几次小的战争，十年的完全和平在列国世界是不可得见的。就欧美言，过去每一个世纪间都有两次大战，如三十年战争（一六一八至一六四八年），西班牙王位承继战争（一七〇一至一七一三年），七年战争（一七五六至一七六三年），拿破仑战争（一七九九至一八一五年），统一战争（一八六一至一八七一年），第一次大战（一九一四至一九一八年）。进入二十世纪后，大战的步调加紧，一九三九年第二次大战爆发，距离第一次大战的结束仅有二十一年，现在似乎是已有二十五年大战一次的趋势，将来是否更加急促，也很难说。至于太平，其长可抵和平的许多倍。西汉盛期二百年，其间大体是安定的。唐初有百年以上的太平，清朝的太平也超过百年。这是列国时代所绝不可得的现象。今后的欧美除非是意想不到的根本变质，在大一统未能实现前，必难免周期性的为战魔所困扰。

战争的必然性，来自利益的冲突，是人所共知的。此点无需多谈，学历史的人不必说，生在此时此世的每个人，每日所见所闻的，都是国与国间的摩擦与冲突，只要留心每日的新闻，对于国际利益冲突的道理就可看得清清楚楚。我们只推敲一下由和平进入战争的具体方式。

把和平世界引入战争旋涡的，就是均势制度。列国并立，没有一个安全，连最强的国家也不能有绝对的安全感。安全既有问题，各国自然求友；求友的自然结果，为国际间两大壁垒的对立。至此，友邦的事也成了自己的事，自己的事当然也是友邦的事。自己的事已够复杂，再兼管友邦的事，所以国际两大壁垒之间的空气总是紧张的，双方都时时刻刻准备兵戎相见。“武装和平”的一个名词非常恰当，那是列国和平的绝妙形容。和平是外表，武装是实际，迟早必有一个问题使两大壁垒火并。所谓国际均势，总不能“均”，因不均而不安，因不安而必战。就理性讲，这是愚不可及的事，因为战后还是不均，但就人性言，这是自然不过的事，因为各方都有侥幸之心。

虽然如此，每经一次大战，必有一个或长或短的追求和平的阶段，热心人士奔走号呼，希望战争能够绝迹，和平能够永久。连为政的人，无论是出于信仰，或出于投机，往往也口口声声的拥护和平。今日的事，距离太近，关系太亲切，我们撇开不谈，上溯第一次大战，我们的观察或者比较的容易超然。当时各国组织国际联盟，以消弭战争永保和平相号召。在具体的步骤方面，限制军备，主张裁兵，最后到一九二八年各国签订巴黎非战公约，正式声明放弃战争，永不再用战争为国策的工具。但没有人对于这一套真正放心，表面的文章尽管去做，秘密外交与均势主义活动仍旧。由法国发动，组织包围德国的集团，要使德国永世不得翻身。一九二〇年，国联方才成立，法国就联比利时，希望西线安全；一九二一年以后，又联东欧的新兴小国，在东方包围德国。法国的集团引起意大利的反集团，一九二七年联匈牙利，七年后又联奥地利。到一九三四年，这就引起再反集团，就是希、土、罗、南四国签订的巴尔干公约。日愈复杂的国际政治，给了德国一个乘机再起的便利，不久就形成联德与反德的两大壁垒，五六年后就引起第二次大战。在历史的透视中，和平运动只是一种插曲，是战后人力疲乏的临时反应。临时的疲倦一过，新战争的酝酿又起，不出几年，就又来一次大放血。

未来的事，我们不愿多加揣测，但有一点应当提出的，就是大国的数目今日极少，已少到不能再少的程度。今日能够单独作战的只有美苏两国，连英国都已丧失此种资格。若以往事为例，我们可以指明，在中国大一统实现的前夕，只剩了秦楚两大强国；在地中海世界的列国末期，只剩了罗马与迦太基一决雌雄。如此看来，以欧美为中心的今日世界，也已发展到列国时代的最后阶段。下一个阶段是否新的大一统与新的太平？谁敢肯定？谁敢否定？

（原载《观察》第一卷第九期，1946 年 10 月 26 日）

国际和平展望

在名义上推进国际合作的联合国大会于九月下旬召开声中，国际间实际的空气已发展到胜利三年以来所未有的恶劣状态。巴力斯坦、朝鲜、希腊、印度半岛、东南亚、印尼，到处都是不能解决的问题，柏林问题尤其使人感到四面碰壁。苏联出席联大代表团团长维辛斯基氏所谓联合国似乎将要变成“不联合国”一语，恐怕是有任何色彩的人与根本无色彩的人都有同感的。与国际会议中乖戾气氛相配合的，有强国备战的消息。英伦遍国警备，已是传了一月以上的新闻。联大开会之初，伦敦广播又谓美国驻欧洲的舰队已接到有关最近将来任何可能危机的训令。苏联的作风不同，一向不对外宣布它的军事设施与军事计划，但我们可以相信，它必定也在作着万一的准备。这以上可说是代表强权政治的一面。

菲律宾代表在联大所作的呼吁，可代表弱小国家与一般人类的希望。他建议各弱小国家联合，成为第三力量，防止强国玩弄强权政治或走向战争，为人类解除战争的恐惧与毁灭的威胁。这位代表的呼吁，无人反对，问题是如何使这种呼吁发生效力。所谓第三力量，是否能够组织成功；即或真能组成，是否能够发生作用；即或发生作用，其作用将为推进和平，或只是添上了第三个作战力量——根据对于今日国际政治的判断，根据对于过去历史教训的认识，以上这些疑问都是自然地要发生的。我们生当今世，对身临其境的局势，因希望，因恐惧，因利益，因成见，往往不易得到清楚的认识。我们若采取超然的眼光，不专看今日，而把过去与现在混为一谈，等量齐观，或者可以不动感情，认识与判断也可比较的切合实际。

首先我们要认清的，就是“和平”是一个相对的名词，一个相对的观念，和平有两个假定：假定有列国，假定有战争，和平只是列国两次战争间的中间时期，既有列国，必有国际政治。有国际政治，必有利益冲突，利益冲突迟早必要引起战争。那也就等于说，国际政治一定是强权政治。战争是列国世界必不可免的现象，几乎可说是自然的现象。在列国并立之下，我们甚至可称战争为正常，和平只是旧战争后的休息时期与新战争前的准备时期。

把和平世界引入战争旋涡的，就是均势制度。列国并立，没有一国安全，连最强的国家也不能有绝对的安全感。安全既有问题，各国自然求友；求友的自然结果，为国际间两大壁垒的对立。至此，友邦的事也成了自己的事，自己的事当然也是友邦的事。自己的事已够复杂，再兼管友邦的事，所以国际两大壁垒之间的空气总是紧张的，双方都时时刻刻准备兵戎相见。“武装和平”的一个名词非常恰当，那是列国和平的绝妙形容。和平是外表，武装是实际，迟早必有一个问题使两大壁垒火并。所谓国际均势，总不能“均”，因不均而不安，因不安而必战。就理性讲，这是愚不可及的事，因为战后还是不均。但就人性言，这是自然不过的事，因为各方都有侥幸之心。

虽然如此，每经一次大战，必有一个或长或短的追求和平的阶段，热心人士奔走号呼，希望战争能够绝迹，和平能够永久。连为政的人，无论是出于信仰，或出于投机，往往也口口声声的拥护和平。今日的事，距离太近，关系太亲近，暂且撇开不谈。上溯第一次大战之后，当时各国组织国际联盟，以消弭战争永保和平相号召。在具体的步骤方面，限制军备，主张裁兵，最后到一九二八年各国签订巴黎非战公约，正式声明放弃战争，永不再用战争为国策的工具。但没有人对于这一套真正放心，表面的文章尽管去做，秘密外交与均势主义活动仍旧。由法国发动，组织包围德国的集团，要使德国永世不得翻身。一九二〇年，国联方才成立，法国就联比利时，希望西线安全；一九二一年以后，又联东欧的新兴小国，在东方包围德国。法国的集团引起意大利的反集团，一九二七年联匈牙利，七年后又联奥地利。到一九三四年，这就引起再反集团，就是希、土、罗、南四国签订的巴尔干公约。日愈复杂的国际政治，给了德国一个乘机再起的便利，不久就形成联德与反德的两大壁垒，五六年后就引起第二次大战。在历史的透视中，和平运动只是一种插曲，是战后人力疲乏心理疲乏的临时反应。临时的疲倦一过，新战争的酝酿又起，不出几年，就又来一次大放血。

未来的事，我们不愿多加揣测，但有一点与过去不同而应当提出的，就是大国的数目今日极少，已少到不能再少的程度。今日能够单独作战的只有美苏两国，连大英帝国也只能作配角，其他各国更不必说了。大国只剩下两个，那就等于说，任何即或暂时居中调停或中立缓冲的势力都已不再存在，已经没有任何可以称为“第三力量”的一种力量。两大短兵相接，国际局面当然显得特别紧张。这是今日与过去最大的差异。过去每次大战之后，人心还可作一个或长或短的和平梦，今日心中真正有此梦想的人恐怕举世也找不到几个。今日已经没有人问，和平能否永久维持，今日大家所要知道的只是这个朝不保夕的和平何时破裂。自十七世纪初到二十世纪初的三百年间，西洋世界平均每五十年发生一次普及全欧甚至普及全世界的大战。进入二十世纪后，大战的步调加紧，一九三九年第二次大战爆发，距离第一次大战仅仅二十一年的工夫。看目前的情形，今后的步调是否将要更加急促，无人敢肯定或否定。列国局面只要是一日存在，西洋世界，以致受拖累的整个世界，就一日难免为周期性的战魔所困扰。

（原载《天津民国日报》1948年10月11日）

欧美民族主义的前途

一九一四年间，甚至一九三九年间，任何人若说欧洲各国的民族主义有消灭的一日，必要贻笑大方。有人在两次大战中间的二十年间，在随便的谈话或学术的讨论时，确曾提到此种可能，没有一次不被旁人视为神经过敏或故作奇论。第二次大战以来的欧洲突变，或者可使看民族主义有绝对永恒性的人，略为修改意见。有起必有落，有生必有死，今日欧洲的任何民族都没有千年以上的历史，短的甚至只有三百年，如荷兰或比利时之类。如此短暂的现象，而定要认为万古不变，岂非太不认识历史？过去且不讲，专看我们中国，先秦时代的齐、楚、秦、晋、燕、鲁、宋、吴诸民族，而今安在哉？若说当时的民族观念，不似今日西洋各国的那样强烈，那只是数典忘祖之谈，春秋战国的民族主义绝不下于今天的欧美各国。因为文字的一致，语言分别的较少，先秦各国的民族主义在表现上或者不若欧洲各国的狂热。但最少也与古希腊半岛各国间的尔我之别同样的清楚，由任何方面言，都是人类历史上可备一格的民族主义现象。

宇宙间的一切，包括人生，包括人生一部的政治，是有节奏的，生死起伏是必然的。中国古语所谓“日中则移，月满则亏，物盛则衰，天之常数也”。看似老生常谈，却实含有至理。这种古语并非只是观察自然现象而得的结论，乃是深察一切事理之后所得的彻悟。明眼人在第一次大战后，就可断定欧美的民族主义已到了盛极转衰的时会。民族主义自十五六世纪成立，到十九世纪已成为游漫全欧的热潮，已独立的大小民族集团当心满意足，未独立的无不以独立为最高的要求。果然，经过一九一四年至一九一八年的大战后，可说一切被压迫受限制的弱小民族都被解放，达到政治独立的目标。至此民族主义已登峰造极，上无可上，只有走下坡路，有如今日大家所共见的情形。

至于专就民族主义讲，为何必须衰退，其事谈来话长，我们只能简略地述说一二。封建时代尚无民族观念，只有阶级观念，不必多论。十五六世纪以下，各国由国王统一，国王成了国家的象征，所以才有“朕即国家”的名句。此时封建的贵族仍未消灭，但他们只能在国王统一之下维持地位。政治上活动的，仍以贵族为主，他们自视为国家的“人民”，也只有他们是“人民”，别人都不算数。这是最早的国家主义或民族主义的形态，是以贵族为中心的，此时中等阶级，商人与知识分子，已经兴起，也要参与政治，进入“人民”的圈内，但普通即或不遭贵族拒绝，也被贵族视为第二等公民。到十八世纪末与十九世纪初，法国大革命爆发，推翻贵族，中等阶级开始占了上风，成为不折不扣的公民，贵族或完全消灭，或也随着中等阶级作公民。农民、工人，以及其他的人，在心理上也都追随中等阶级，成为公民。至此可说是一国之内所有的人都是平等的公民，国家思想与爱国精神发展到鼎盛的阶段。一百年后，到第一次大战，而民族主义在民族自决的口号下征服全欧。但民族自决喊遍全世的声浪，实际就是民族主义丧钟的第一声。第二次大战已证明民族国家不能再照旧维持下去，今日的民族自决呼声，已是尾声，世人在心坎深处，已不再对它发生浓厚的兴趣。在十九世纪，每一个独立国都有自己的对外政策，政策也能多少得到他国的尊重。然而时至今日除了极少数的大国外，一般的国家根本谈不到独立的外交政策。试看欧洲大陆，除苏联外，是否尚有一国能说仍有政策？连法国恐怕都已没有此种资格。再如拉丁美洲各国，也同样的没有政策可言，阿根廷想要自己独当一面，但也只是想想而已，在世界上并不发生任何实效。一般的国家只有追随某一个大国，若对某一个大国不满，也没有自由改变方针的可能，最多只能转而追随另外一个大国，但多数国家连这种选择的自由也不能享受，地理或经济决定它们只能依附限定的某一大国。国际情势既然如此，民族主义岂不只是理论，民族自决岂不已成清谈？

以上是专就国际实力中心已经限于少数力点而言，但若谓多数国家不能维持真正的独立自由，是由于大国的太少与太强，那也只是真理的一面。另外还有一面，也很重要，但容易被人忽略：就是民族主义的衰退，是因各民族内部先有腐烂趋势；并不限于小国，大国也受同样的影响，不过靠实力尚可勉强维持旧观而已。我们若作价值的判断，可说这是民族堕落的现象，若只就事论事，不计善恶，可说这是一般人民心理变化的表现，这种心理变化，是都市生活的自然结果。在整个人类史上，不分古今，不分地域，文化都是兴于城市，最后都是毁于都市。封建时代贵族已有聚于城市的趋势，政治活动与文化潮流也都以城市为主。国家由国王统一之后，贵族与一部的中等阶级在城市度政治的生活，作文化的活动。这些城市都是自然长成，所占面积不大，人口也不太多，大家可以互相认识，城市仍是一个有机体。但到大革命爆发，全体人民都成平等的公民之后，少数的城市，或旧有，或新建，急遽的扩大面积，大量地吸收四乡的人口。大而无当之后，市民互相认识已不可能，时势所趋，连同屋同院的人也可共住一年或多年而始终不交一言。经济权有集中的趋势，使得大多数市民没有恒产，没有恒业，因而也没有恒心。传统宗教的势力至此大衰，知识的发达使得多数人没有宗教信仰，但同时也没有任何其他可以支配人格的基本主张，脑无所不知而心漫无归宿。一人生在熙熙攘攘的都市之内，前后左右满是人类，但仍觉得有如处身沙漠，寂寞至极，都市人民的追求各形各色的狂欢，正是内心空虚与苦闷的表现。空虚与苦闷，使得人渐渐对一切都丧失真正的把握与兴趣，生活压迫与多年习惯虽使他们克尽厥职，但一遇到非常的变故，往往就难以站稳。第二次大战期间第五纵队的遍满全欧，与内奸充斥各国，直接的是民族主义的末路，间接的而尤其重要的是人心无主的明证。此种大的趋势，是无从挽回的，若再遇到大不景气或新的大战，我们就必可见到民族主义与整个十九世纪局面的烟消云散。曾经热心于国家思想一百年的人民，现在已感到厌倦，无论物质条件如何，精神条件已不足继续维持旧局。

西洋文化今日已发展到一个大的歧路口，民族主义的末落只是歧路口上一种彷徨的表现。与此相关的，公民渐渐完全变成群众，是最严重的新现象。自主的是公民，由人摆布的是群众，摆布的现象一旦普遍之后，历史的趋势就到了难以逆料的时候，我们只能说：“自今以后，任何事都可发生。”所怕的是发生的“任何事”不只是仍有旧理想的人所深恶痛绝，也是摆布群众的人所始料不及。今后的欧美是一个变幻莫测的欧美，较第一次大战后尤怪的怪事恐将连续不断地发生，凡仍有冷眼观察能力的人，必可得到丰富观察机会！

（载《中央日报》，1946年2月12日，“现代”七期）

历史的形态与例证

所谓历史，有特殊哲学意义的历史，并不是由开天辟地以迄今日演变的种种。历史的时间以最近五千年为限。前此的发展是天文学、地质学、生物学与人类学的园地，与正当的历史学无关。旧石器时代的各种人类，与今日的人类，属于生物学上不同的物种，我们虽也承认他们为“人”，但他们究竟“非我族类”，他们的活动与我们的活动在根本上大异其趣，不能用同样的标准去衡量。进到新石器时代，有了一种新的人类，那就是我们今日世界上已开化与未开化的各种民族的祖先。但在公元前3500年以前，世界各地的新石器文化，仍然一脉相通，北非与东亚之间，或西欧与中亚之间的新石器文化，并无显著的分别。所以此一阶段也仍属于人类学的范围。

但在公元前3000年左右或略前，最早或可追溯到三千五百年左右，不知由于何种外来的影响或内发的力量，在清一色的新石器世界中，有两个地方发生了变质的作用，就是埃及与巴比伦。自此以后，地面各处或先或后的都脱离了石器的阶段而进入历史文化的阶段。据今日所能确知，五千年来的高等文化区域共有七个：埃及，巴比伦，印度，中国，希腊罗马，回教，欧西。

直到百年之前，大家都认历史为一元的。虽至今日，文化一元说仍然相当的盛行。这种观点甚为自然。各民族无不保有唯我独尊的态度，视四方为夷狄，认文化为以我为中心而一系相传的发展。在交通不便的时代，这是再自然不过的心理形态，前代的中国，古代的印度，古典的希腊罗马，以及远古的埃及或巴比伦，无不自视为天之骄子，无不自命为文化至宝的唯一创造者与维系者。直到如今，在欧美各国，连许多以客观自诩的学者，有意无意间仍不免以欧西文化为起发点而衡量古往今来的一切。但交通的大开，与考古学的空前收获，使心胸宽大眼光锐利的一些学者，把前此的文化一元论完全放弃，认为历史是多元的，是在不同的时间与不同的地域各个独自产生与自由发展的。考古的发掘，使我们知道有许多被后人忘记的伟大文化；交通的便利，使我们发现远方有许多前所未闻的异样民族。这许许多多时间与空间都不相同的历史单位，经过多人与多方的探讨，虽无人否认他们各有特殊点，然而历史进展大步骤的共同点，现在已逐渐成为学者所公认的现象。这种共同点，就是历史的形态。

在一个文化的发展上，第一个阶段就是封建时代，前后约六百年。此时的政治，社会，与经济的现象都很特殊。政治上的主权是分化的。在整个文化区域之上，有一个最高的政治元首，但这个元首并不能统治天下的土地与人民。所谓“溥天之下，莫非王土，率土之滨，莫非王臣”，在当时不过一种理论与理想而已。元首所直辖的，只有天下土地一小部分的王畿，并且在王畿内，也有许多卿大夫的采邑维持半独立的状态。至于天下大部分的土地，都分封给很多诸侯，诸侯实际各自为政，只在理论上承认共主的元首。但诸侯在封疆之内也没有支配一切的权力，他只自留国土的一小部分，大部土地要封与许多卿大夫，分别治理。卿大夫在自己的采邑之上，也非绝对的主人，采邑的大部又要分散于一批家臣的手中，家臣之下，可有再小的家臣，以此类推，在理论上封建贵族的等级可以多至无限，政治的主权也可一层一层的分化，以至无穷。实际的人生虽然不似数学的理论，但封建政治之与“近代国家”正正相反，是非常显明的事实。

封建时代的第二个特征，是社会阶级的法定地位。有史以来，阶级的分别是一个永恒的事实。但大半的时期，这种阶级的分别，只是实际的，而不是法律所承认并且清清楚楚规定的。只是在封建时代，每个人在社会上的地位，等级，业务，权利，责任，下至衣食住行一般日常生活的方式，都是由公认的法则所分派的，并且阶级的地位是世袭的，贵族的子孙，世世代代永为贵族，平民的子孙，世世代代永为平民。同一贵族或平民的阶级之内，往往又有许多小的等级或职务的分别，小分别之间的界限往往也是相当严格的。

封建时代的第三个特征是经济的特征，就是所有的土地都是采地，而非私产。自由买卖，至少在理论上不可能，实际上也是不多见的。所有的土地都是一层一层的向下分封，分封的土地就是采地。土地最后的用处，当然是食粮的生产，生产食粮是庶民农夫的责任，各级的贵族，由最高的王公以至最微的士子，都各把他们直接支配的一部土地，分给农夫耕种。由这种农业经济立场看，土地称为“井田”或其他类似的名称。此中也有“封”的意味，绝无自由买卖的办法。井田可说是一种授给农夫的“采”，不过在当时“封”或“采”一类的名词，只应用于贵族间的关系上，对平民不肯援用此种高尚的文字而已。

在精神方面，封建时代是宗教的天下。国家的每种大典，婚丧生育的人生大事，以至团体或个人的许多例行事务，几乎都为宗教的规则所围范。宇宙间充满了神力，大小的神祇可以多至不可胜数。一般人对于神灵既然恐惧，又须依赖，有时敬爱的心理也能发生。无论是恐惧，或依赖，或敬爱，一概都要由崇拜的外仪来表现。

历史的第二个阶段，可称为贵族国家时代，前后约三百年，是一个以贵族为中心的列国并立时代。封建的晚期，当初本不太强的中央共主渐渐全成傀儡，有时甚至整个消灭。各国内部的卿大夫以及各级的小贵族也趋于失败。夺上御下，占尽一切利益的，是中间的一级，就是当初封建各国的国君。最后他们各把封疆之内完全统一，使全体的贵族都听他们指挥，同时他们自己却彻底脱离了天下共主的羁绊。天下的共主至此失位或者完全消灭，或者名存实亡。主权分化的现象已经不复存在。整个的天下虽未统一，但列国的内部却是主权集中的。社会上的士庶之分，在理论上仍然维持，在政治各部门辅助国君的也是贵族居多。但平民升为贵族，实际已非不可能，并且也不太难。在经济方面，井田一类的授田制尚未正式推翻，但自由买卖的风气已相当的流行。各国内部已统一，小的纷乱当然减少到最低的限度；至此只有国家间的战争，而少见封建时代普遍流行的地方战乱。贵族阶级在封建时代已经开始休养的侠义精神与斯文仪式，至此发展到最高的程度，在不与国家的利益冲突的条件之下，他们对待国界之外的人也是尽量的侠义有礼。国际的战争大致仍很公开，以正面的攻击为主，奇谋诡计是例外的情形。战时的死伤并不甚多，战场之上也有不可轻易破坏的礼仪。战争的目的只求维持国际的均势，没有人想要并吞天下。国际的战争虽然难免，但天下的大局是大致稳定的。

在精神方面，宗教仍占重要的地位。但唯理的思想已经开始，渐盛，最后发展到极峰。一个文化对于宇宙人生问题的伟大解释与伟大答案，都产生于此时。伟大的哲人与诗圣，也都是此时的人物。

文化的第三个阶段，是帝国主义时代，前后约二百五十年。第二第三两期之际，必发生惊天动地的政治，社会，与经济的大革命。革命的结果，贵族阶级被推翻，过去日渐得势的平民阶级，至此夺得政权。临时在表面上实现了一个全民平等的社会，最初的一百年间，政治社会生活的各方面，往往可谓大体美满，但社会的骚动与国际的大战很快的就把这种美满的境界毁灭。阶级既然取消，全民既然平等，大家就都有效命疆场的义务。当兵，在封建时代是贵族的权利，贵族国家时代的军队仍以贵族为主，平民的小兵完全要受贵族将官的指挥。进到帝国主义时代之后，全民皆兵的征兵制成立，大规模的战争，残酷无情的歼灭战，成了国际野心家所专研的战争方法。战场以大量的屠杀为最高的目的，以便消灭对方的实力，最后占据对方的领土，灭掉对方的国家。前一时代的斯文战争，至此已不再见，列国的数目，尤其是强国的数目，日渐减少，最后只剩三两个大国，各自率领附属的小国，互作死拼的决战。

在不断的大战与大乱之中，文物开始遭受浩劫。战乱时无意的破坏，当然古今难免，但此时因战争的特别激烈，所以摧残尤厉。并且在无意的破坏外，还有由于各国政策所产生的故意的文化摧残。经过短期间思想自由的阶段之后，焚书坑儒一类的办法渐渐成为常事。与国家政策不合的文字，对于当权者不利的文人学士，轻则被弃，重则被毁，被逐，或被戮。在思想方面，这是一个回光返照的时代。短期之间，百家争鸣，在表面上似乎非常热闹。但思想趋于派别化，伟大的创造思想家并不多见。最后连派别化的思想也趋于消沉，只剩下毫无中心见解的杂家，东拼西凑的去写许多杂乱无章的大书。

文化的第四个阶段是大一统时代，前后约三百年。长期的酷战与大乱之后，一国独强，并吞天下，实现了封建时代可望而不可即的理想，就是整个文化区的大一统局面。至此，无论名义如何，政治必然是专制独裁的。此时人心已感疲倦，精神渐渐不支，不能再过从前那种紧张悲壮的生活，不能继续维持过去那种丰富复杂的文化。专制的皇帝与他的左右，现在替天下的人解决一切的问题，个人无需再过分的努力自苦。天下大致是太平的。内乱当然难免，边患也不能却除，但兵荒马乱的事，的确较前大为减少，一般人的物质生活大致安逸。但这只是更加增进心理的松懈与精神的涣散。社会的颓风日愈明显，最后一泻千里，不可收拾。尚武的精神急速的衰退，文弱的习气风靡一世，征兵制不能维持，只得开始募兵，最后连募兵都感困难，只得强征囚犯奴隶，或招募边疆归化的夷狄来当兵。但在最后的崩溃尚未来临之前，帝国疆域往往可以扩展到空前的程度。许多边外的夷狄，或因慕化，或因畏威，都归顺投降。帝国也自动的征服许多新土。但表面的庞大，并非内在伟大。毁灭的命运很快的必然来临。

思想学术与文艺，都急剧的退步。思想趋单调。政府受了潮流的影响，往往也推进思想一尊的趋势。或因政见的不同，或因文人的偏激，政府时常与思想界发生冲突，大规模的焚书坑儒都是此时所演的惨剧。局面稳定之后，思想学术定于一尊，真正的哲学消灭，文人全失创造的能力，只能对过去的思想与学术作一番解释，研究，与探讨的工夫，并且其中时常夹杂许多附会，误会，与望文生义的现象。一言以蔽之，文化至此已经前途若非很快的死亡，就是长期的凝结。

第五个文化阶段，最后的时代，是政治破裂与文化灭亡的末世。时间不定，可长可短。这是三百年大一统时代后无从幸免的一个结局。政治日愈专制，日愈腐败，日愈野蛮。社会的机构，一代不如一代；最后极端的个人主义，自私自利主义，变成社会生活的主要原动力。内乱迭起。外患也因而日愈严重。当初灿烂的文明帝国，往往被边疆的蛮夷侵占征服。古老的文化，从此可以一蹶不振，以致死亡。有时外族被同化，文化临时又有短期的生气，但同化的外族，不久也腐化，又被其他的外族征服。传统的政治文化，最后总有完全毁灭的一天。

这些是一般文化历程的梗概。现在让我们提出具体的例证。

一 埃及文化

埃及文化是世界上最古的文化之一，只有巴比伦可与它比拟。因典籍亡佚，哲学的发达无从稽考，但古老埃及的政治社会演变，从我们今日所能知的约略情形，可见其也不出历史形态的范围。

埃及的封建时代，普通称为旧王国时代，又称金字塔时代（公元前 2800 至前 2150 年）。王室为政治文化的中心，诸侯分立各地。王权有限，“法老”只为名义上的天下共主。

埃及的贵族国家时代，普通称为中期王国时代（公元前 2150 至前 1850 年）。王室衰微，诸侯独立，许多小国相互争衡。这就是许多西洋史学家所误认的“封建时代”。真的封建时代已经过去，此时最多不过只保留一些封建的痕迹而已。

帝国主义时代，称希克索斯（Hyksos）时代（公元前 1850 至前 1600 年）。希克索斯人是一种来历不明的外族。他们入侵埃及，很快的埃及化，临时成了埃及内部最强的势力，与旧日的埃及列国争胜。此时战事日烈，俨然一个具体而微的战国局面。最后，一个大一统的埃及帝国成立。大一统时代普通称为新王国时代，或新帝国时代（公元前 1600 至前 1250 年）。此时埃及大拓疆土，西至今日利比亚的沙漠，南达阿比西尼亚，东抵巴比伦之地。

公元前 13 世纪中期以下，埃及一方面内乱迭起，一方面又屡次被野蛮的外族征服。但因这些征服者文化幼稚，先后都为埃及所同化。公元前 525 年，波斯入主，这是埃及初次遭受一个已经开化民族的征服，埃及文化染上了不少的波斯色彩。公元前 332 年，亚历山大成了埃及的主人，埃及于是又与希腊同化。到公元前 30 年埃及变成罗马帝国一个行省的时候，在文化上已经完全是希腊的附庸了。不仅旧的制度文物荡然无存，连传统的语言文字也趋消灭，除了少数偏僻区域的人之外，所有的人都只说希腊语，读书的人也只读希腊书。埃及民族与埃及文化至此可说已经绝迹于天地间了。六七百年之后，公元 639 至 641 年间，埃及又被回教徒征服，就又毫无困难的阿拉伯化。今日所谓埃及人，无论血统如何，由宗教，语言，文字，风俗，习惯上言，其实大都是阿拉伯人了。

二 希腊罗马文化

希腊罗马文化的封建时代，历史上称为王制时代（公元前 1200 至前 650 年）。小国林立，各有国王；但王下有贵族，限制王权的行使。在众王之上，有一时期曾有一个最高的共主；关于此点，荷马的诗中仍留有痕迹，可惜史实已完全失传了。宗教盛行，后世流行的神话都是此时的产物。

贵族国家时代（公元前 650 至前 323 年）的历史，大致以雅典、斯巴达与罗马三国为中心，就是历来史书中所称道的希腊文化的极盛时代。内部统一的列国，罗布在地中海世界的大部，外交的关系甚为复杂，国际的战争也时常发生。但各国的内部，除罗马外，始终不甚稳定。天下的共主早已消灭，多数的国内已把王推翻，同时又无固定的新制替代。王制最少可说是一种安定力，王制破裂，各国的政局时常都在动荡中。但无论如何的变化，各国的政治可说是贵族性的，因为多数人或为奴隶，或为没有政权的农奴。所谓民主政治，或全民政治，也不过是全体人口中少数自由人的政治而已。哲学由兴起而渐盛，晚期出了三大哲人，苏格拉底，柏拉图，亚里斯多德。

帝国主义时代，普通称为后期希腊与罗马时代（公元前 323 至前 82 年）。此时地中海沿岸只余五大强国，就是希腊化的埃及，希腊化的叙利亚，马其顿，罗马，与制度罗马化的迦太基。此外尚有一些缓冲小国，以希腊半岛上为最多。五国中罗马最强，最少可说罗马的政策最为高明。它采取各个击破的策略，先毁灭了比较强劲的迦太基，然后并吞东方各国。迦太基之灭，甚为凄惨，不只国破，并且民族也全部被歼，仅剩下极少数的遗民，也遭流放异地的命运。至公元前 82 年苏拉（Sulla）独裁，可说是地中海世界第一任的实际皇帝。此时的哲学只有旧日思想的演述，与几种时髦一时的人生观。斯多亚派，伊比鸠鲁派，怀疑主义派，犬儒派，算是比较新颖的人生学说，此外则有柏拉图与亚里斯多德主义的信徒。最后调和一切的，也可说毁坏一切的，杂家出现，而古典的希腊哲学遂告结束。

大一统时代就是罗马帝国的盛期（公元前 82 至公元 180 年）。罗马的疆土不只扩展到整个地中海沿岸，并且在许多方面深入内地。今日意大利、希腊、保加利亚、土耳其、西班牙、葡萄牙、法兰西、比利时与瑞士的全部，德意志的西境，荷兰、南斯拉夫与罗马尼亚的大部，伊拉克与高加索的一部，埃及与沙漠以北的整个北非之地，都是帝国的疆域。此外并在海外征服了今日的英格兰、威尔斯与苏格兰的南境。但希腊罗马人的颓风日甚，公民渐都不肯当兵。起初还有内地的游民入伍，最后就只剩边地的日耳曼人与其他的外族还有执干戈的能力。颓废的人心，除物质的享乐外，往往又向东方传入的许多厌世宗教去求安慰。思想知识，只有以雅典与亚历山大利亚两城为中心的古代经典的研究。

盛世一个最后的伟大皇帝死于公元 180 年，帝国逐渐瓦解。不婚，婚而不育的现象，相当的普通。人口减少，品质似乎也退步。怠工与游手好闲成了社会的风气，许多人宁受国家的救济，而不肯从事正当的工作以自养。田地荒废，无人经营。整个的社会，呈显一种坐以待毙的征象。日耳曼人入侵，不过是用手指弹倒一个行尸走肉的帝国而已。传统所谓公元 476 年罗马帝国的灭亡，实际不能由日耳曼人负责。罗马民族与文化的消灭，更与日耳曼人无关。

三　欧西文化

欧西文化的封建时代就是普通所误称的西洋中古时代的大部（公元 911 至 1517 年）。名义上的天下共主，有两人争夺，就是罗马的教皇与神圣罗马帝国的皇帝。各国分立，国王无权，各级贵族分据国内各地。农业集中于佃庄，与中国古代的井田相类。精神生活全由基督教笼罩。每人由出生，直至临死，甚至死后，无不受教会的指导与约束。

贵族国家时代，历史上称旧制度时代（公元 1517 至 1815 年）。内部统一的列国成立，中央的共主失位。教皇只余宗教的地位，政权尽失；皇帝仅拥虚名，但他的傀儡权位直到时代末期才被拿破仑废掉。旧日独立的封建贵族，至此成为辅助王政的特权阶级。国际之间时起战争，普遍天下的大战，由 17 世纪起，平均每五十年一次。三十年战争（1618 至 1648 年），西班牙王位继承战争（1701 至 1713 年），七年战争（1756 至 1763 年），拿破仑战争（1799 至 1815 年），除末期的拿破仑战争外，所有的国际冲突可说都是以维持均势为目的的。17 与 18 两世纪间，伟大的思想家辈出，末期的康德与诗哲歌德可说是集大成的哲学家。

1815 年以下，欧西文化进到帝国主义的阶段。北美合众国的地位日趋重要，所以我们可称此期为欧美文明时代。这个时代至今方逾百年，尚未结束，无从见其全貌，但大战国的景象已经非常明显。由大革命的法国开端，征兵制普遍于欧美的世界。英美因地理形势的安全，久想逃避现实，但今日也已被迫实行征兵。百余年来的战争中，歼灭战与屠杀战的形式，一次比一次的显著。纳粹所谓闪电战不过是最后为此种趋势找到一个动听的名词而已。炮火炸弹的威力，不分前方与后方。伤亡与俘虏数目的庞大，在人类史上真是空前。德国攻马奇诺防线后，法军被俘虏的在一百五十万人以上，除少数老弱残兵外，一般青壮的军士至今尚未解放。他们目前所遭的摧残，可以意度。至于他们将来的命运，谁敢设想！白起对付赵国降卒的手段，虽未必不折不扣的重演在今日，但虽生犹死的遭遇，安知不会发生？纳粹在占领各国，因一二德人被暗杀而竟大批屠戮“人质”的惨剧，这岂非新野蛮时代已经来临的明证？这一切不过是开端而已，欧美世界未来的大流血与大悲剧，恐非今日仍未忘情于19世纪比较斯文的景象的人类所能想象！

文物的破坏，在欧美也已见端倪。相生相克的道理，在文物破坏中最为明显。欧美钢骨水泥的各种伟大建筑，甚至中世纪所传下的纯石块的大礼拜堂，都非一般的“刀兵水火”所能破坏。但欧美的人类又精心的制造猛烈无比的炮火与炸弹，数十世代千辛万苦所积累而成的文化标识，多在狂战中惨遭毁灭与损伤。到了大破坏的时代，文物的遭劫似为不可避免的命运。至于比较微弱的孤本古书，名贵雕绘，稀世乐器，无论如何的善为保藏，或大或小的损害更难逃脱。除了这种虽非故意而却似有命运存乎其间的文物浩劫外，焚书坑儒的事件也已由德国作俑。犹太人的著作或与国社主义相违的作品，都被有系统的焚毁。犹太学者与非犹太而反纳粹的文人哲士，重则丧命轻则被囚，幸运者得遭放逐或逃亡国外。此种焚书坑儒的风气，将来恐怕也有日趋猖獗之势。19世纪百年间比较自由的思想与学术，恐怕只是暂时的现象。目前宣传已经取代思想的地位，不久的未来欧美人士或将不知精神为何物。伟大的思想家已少出现，思想已开始派别化：康德派，黑格尔派，唯实派，实际派，以及各种巧立名目的派别。新的宗教精神也已萌芽，奇形怪状的各种新宗教，流行在欧美的各大都市中。一种新的巫术，所谓灵学，虽有少数人用科学的方法与态度去研究，但对大多数问津的人却成了自我慰藉与逃避现实的一服精神麻醉剂。

所以，无论由国内政治与国际形势言，或由精神情况言，今日的欧美很显然的是正在另一种作风之下，重演商鞅变法以下的战国历史或罗马与迦太基第二次大战以下的地中海历史。欧美在人类史上若非例外，最后的归宿也必为一个大一统的帝国。但这或者仍为百年以后的事。历史的发展，自有其节奏与时限，速成班之类的办法在历史上是轻易不见的。时机未到，野心大于希特勒十倍的怪杰，也不能使大一统的局面稳定的实现。

四　独具二周的中国文化

除欧美的历史尚未结束外，一切过去的伟大文化都曾经过一度的发展，兴盛，衰败，而最后灭亡。唯一的例外就是中国。

中国的文化独具二周。由殷商西周至五胡乱华为第一周。由五胡乱华以至最近为第二周。

（甲）第一周的形态

中国的封建时代，就是殷商西周，由盘庚迁殷至平王东迁，前后五百余年（公元前1300至前770年）。中央有一个王，又称天子，当初是殷，后改周室。天子之下，各地有许多诸侯。诸侯之下，有卿大夫与各级的家臣。这是标准的封建金字塔。贵族与平民之间，界线森严。一切的农田、井田，都由贵族支配，分与平民耕种经营。殷周的宗教，虽多失传，但由甲骨文，铭刻，与仅存的一点古代文献，我们还可看出当时精神生活的中心就是宗教。

中国的贵族国家时代称春秋时代（公元前 770 至前 473 年）。诸侯多已统一境内，列国并立的国际局面成立。贵族阶级仍然存在。但只能在诸侯统制下操持国政，不似封建时代的随便自行其是。国家间列国争衡，天子已成了傀儡，只能承认最强的诸侯为霸主。齐晋秦楚是四方的四强，它们大致只求维持国际的均势，即或一国特强，也仅要作中原小国的盟主，并无吞并天下的野心，天下在理论上仍由天子统治。国际的战争虽多，然而并不酷烈，大家都服膺“适可而止”的道理。战场之上，有谦让客气的种种礼教，侠义之士无不遵守。战争并不是一种拼命的死争，而是一种有章有则的竞赛。在精神方面，宗教的形式仍然维持。但少数的哲士对宇宙人生的问题探索甚深。可惜早期或有的作品都已失传，我们今日所知的最早思想家是春秋末期的孔子与孔子早时的一些哲人。孔子是保守派，认为旧制破裂，人心不古，是一切困难的根源。若能恢复封建时代的先王之道，天下就可太平无事。与孔子相反的一派，可以邓析为代表。他是革命思想家，认为封建时代与春秋时代的旧制都已陈腐不堪，必须彻底扫除，代以全新的一套办法，方可解决各国内部的问题与国际之间的纷争。这种说法当然要遭在位者的恨恶，所以他终究被郑国的执政借故杀掉。第三派是消极的隐士。他们认为世事已不可为，不如一了百了，遁世埋名，独善其身，最少还可赚得一心的清净。孔子周游列国时，遇到不少这种的人，如长沮，桀溺，楚狂接舆，晨门，荷蒉，荷蓧丈人等，都属于此种自私自利的思想学派。

春秋末期思想界的矛盾与复杂，预示帝国主义新时代的来临，就是战国时代（公元前 473 至前 221 年）。初期百年间，发生了政治社会的大革命。贵族阶级被推翻，国君独裁，最后都正式否认天子的地位，各自称王。战事日愈激烈，全民平等之后，各国都行征兵制。军队的数目扩大，战事的性质愈加残忍，在战场上奖励戮杀，对降卒与俘虏也时常加以不人道的大批屠杀，白起坑赵降卒四十万，是最惨的此种事例。许多古代的文献，有历史价值的建筑，恐怕都毁于此时的大战中。秦国已开始焚毁当政者所不赞同的书籍，别国有否同样的情事，可惜史籍失载。思想曾经盛极一时。杨墨庄孟，诸子百家争鸣当世。中期以下，阴阳五行与神仙的信仰兴起，是文化开始退步的明证。思想趋于派别化，成了后世所谓六家。最后杂家出现，《吕氏春秋》象征先秦思想的总结束。

中国的大一统时代，是秦，西汉，新，与东汉中兴的三百年（公元前 221 年至公元 88 年）。外表甚为辉煌，武功极盛，秦皇汉武奠定了二千年来中国疆域的规模，东北吞朝鲜，西北通西域，南达安南，西南并滇。天下太平，民生安乐，文景，宣元，明章之世尤为后世所称道。但征兵的制度到汉武帝时已不能维持，武帝的武功是靠募兵，囚犯兵，与外族兵完成的；真正的征兵，反处次要的地位。东汉中兴，对外作战时已到了几乎只有胡兵可用的地步。独立的思想消灭，先秦的思想学术真能明了的人可说无有。泛滥无归的经学训诂是当时学界唯一可能的工作。秦始皇大规模的焚书坑儒，必非文化退步的主因，只是时代作风与文化退步的一种自然表现而已。一种消极的宗教精神大盛，阴阳五行，黄老神仙，宗教化的儒学，与东汉初传入的佛教，是当世的主要精神食粮。

东汉中兴过去之后（公元89年以下），大汉帝国渐趋破裂，古代文化渐趋灭亡。接踵而起的内乱或边患、羌乱、党锢、黄巾贼、十常侍之乱、董卓之乱，使帝国的机构全部瓦解。三国的群雄割据与西晋的粉饰太平，都不能挽回已去的大势。最后五胡乱华，中原沦陷，中国面对全部覆亡的严重危机！

（乙）第二周与未来

中国发展到五胡乱华时，若按人类史的通例，可说已到灭亡时期。当时中国也确有灭亡的危险。但中国当亡不亡，经过几百年的酝酿后，竟又创出一个新的文化，可称为第二周的中国文化。

在政治上并无新的进展，大致只能墨守秦汉所定下的规模，但在思想文艺上，却各代都有新的活动，并且可与第一周的文化相比。

为清楚起见，可列表比较如下：

时代 周	宗教时代	哲学时代	哲学派别化与开始退步时代	哲学消灭与学术化的时代	文化破裂时代
第一周	殷商西周（公元前1300至前771年） 殷墟宗教 周代宗教	春秋时代（公元前770至前473年） 邓析、楚狂接舆、孔子	战国时代（公元前473至前221年） 六家	秦汉与东汉中兴（公元前221至公元88年） 经学训诂	东汉末至五胡乱华（公元89至383年） 思想学术并衰，佛教之输入
第二周	南北朝隋唐五代(公元383至960年） 佛教之大盛	宋代（公元960至1279年） 五子、陆象山	元明（公元1279至1528年） 程朱派、陆王派	晚明盛清（公元1528至1839年） 汉学考证	清末以下（公元1839年以下） 思想学术并衰，西洋文化东渐

表中所列各项，可以自解，无须再加赘述。讲到目前，我们这处在第二周末期的当代中国人士，一方面要面对欧美世界的现实，一方面要觉察中国文化的实况，才能明了我们今日所达的阶段与明日可走的途程。我们若能不自矜，也不自馁，平心静气的观察现局，大概对今日的中国以及与世界的关系，可得如下的几种认识：

（一）西洋世界今日正处战国的中间阶段。今日的大战虽然已够惊人，将来的战争恐怕只有更加酷烈，其程度、规模与情景必有吾人所不能想象的。

（二）中国文化的第二周诚然是人类历史上的一个奇迹，但现在已发展到末期，它的前途是结束旧的局面，创造新的世界，实现一个第三周的中国文化。过去的文化为何一定都要毁灭，我们不知道。中国为何能够独存，我们也不知道。我们只知其然，而不知其所以然；强为解释，虽不太难，但目前可撇开不谈。若勉强作一个比喻，我们可说文化如花，其他的文化都是草本，花一度开放，即告凋死；中国似为木本花，今年开放，明年可再重开，若善自培植，可以无限的延长生命。第二周的文化虽在人类史上已为例外，但既有第二周，也就可有第三周。

（三）但由实力言，今日的世界是一个欧美重心的世界，这是无可否认的事实。所以我们不能完全摆脱欧美的影响与欧美的势力而独创自己满意的新世界与文化。此后日愈残酷的战争中，任何一次中国也无完全处身局外的可能。

（四）但由文化大势言，欧美已至开始下落的时期。目前西洋任何一种思想，主义，或学术的潮流，虽在中国都不免引起波动，但对我们的同化力恐将日渐降低。欧美的实力，在较近的未来我们虽仍不能漠视，但欧美思想信仰对我们的主动力或将日趋薄弱，我们对西洋文化中的一切可不至再似过去的崇拜盲从，而是自动自主的选择学习。

然而这绝不是说我们将来可以松懈对于欧美的研究。盲从时可以不深知而不害事，选择学习时却非认真研究与彻底了解不可。我们将来需要更多更通的西洋学艺专家。

若对未来勉强拟定一个比较具体的方案，我们似乎可说：在实力方面，我们必须努力建起一个能够独当一面的军事机构，将来在欧美重心的国际上我们最少可不至完全被动，而能取得动不动由我而不由人的自由。此点如果能够做到，思想学术方面的前途就很可乐观。只要能有相当可靠的实力，政治上可以完全自由，则在国际上自由自主的空气中，相信我们此代与今后几代的中华儿女必能建起第三周的中国文化！

（原载重庆《大公报·战国副刊》1942年2月4日、25日、3月4日。转录自林同济、雷海宗合著《文化形态史观》，上海大东书局1946年版，第18—44页。）

如何中国

中国文化的两周

一、正名
二、中国史的分期
三、中国史与世界史的比较

断代是普通研究历史的人所认为一个无关紧要的问题。试看一般讲史学方法的书，或通史的叙论中，对此问题都有一定的套语，大致如下：

历史上的变化都是积渐的，所有的分期都是为研究的便利而定，并非绝对的。我们说某一年为两期的分界年，并不是说某年的前一年与后一年之间有截然不同之点，甚至前数十年与后数十年之间也不见得有很大的差别。我们若把这个道理牢记在心，就可分历史为上古、中古、近代三期而不致发生误会了。

这一类的话在西洋的作品中时常遇到，近年来在中国也很流行一时。话都很对，可惜都不中肯。历史就是变化，研究历史就为的是明了变化的情形。若不分期，就无从说明变化的真相。宇宙间的现象，无论大小，都有消长的步骤；人类文明也脱离不了宇宙的范围，也绝不是一幅单调的平面图画。但因为多数研究的人不注意此点，所以以往的分期方法几乎都是不负责任的，只粗枝大叶地分为上古、中古、近代，就算了事。西洋人如此，中国人也依样画葫芦。比较诚恳一点的人再细分一下，定出上古、中古、近古、近世、近代、现代一类的分期法，就以为是独具匠心了。这种笼统的分法比不分期也强不了许多，对于变化的认清并没有多大的帮助。不分期则已；若要分期，我们必须多费一点思索的功夫。

一、正名

“名不正则言不顺”这一句话，很可移用在今日中国史学界的身上。无论关于西洋史或中国史，各种名义都不严正，这是断代问题所以混乱的一个主要原因。我们若先将各种含意混沌的名词弄清，问题就大半解决了。

西洋史上古、中古、近代的正统分期法，是文艺复兴时代的产物。当时的文人对过去数百年以至千年的历史发生了反感，认为自己的精神与千年前的罗马人以至尤前的希腊人较为接近，与方才过去的时代反倒非常疏远。他们奉希腊、罗马的文献为经典（Classics），现在为这种经典的复兴时代（Renaissance），两期中间的一段他们认为是野蛮人，尤其是戈特人的时代（Barbarous 或 Gothic），或黑暗时代（Dark Ages），恨不得把它一笔勾销。他们只肯认为这是两个光明时代之间的讨厌的中间一段，甚至可说是隔断一个整个的光明进展的障碍物，除“野蛮”、“戈特”或“黑暗”之外，他们又称它为“中间时代”，[①]字中含有讥讽、厌弃的意义。希腊、罗马就称为经典时代（Classical Ages），又称为古代或上古（Antiquity）。“经典”当然是褒奖的名词。连“古代”也有美的含义。他们那时的心理也与中国汉以下的情形一样，认为“古”与“真美善”是一而二，二而一的。因为崇拜“古”，所以“古代”就等于“理想时代”或“黄金时代”。至于他们自己这些崇拜“古代”的人，就自称为“摩登时代”或新时代（Modern Age）。所谓“摩登”与近日一般的见解略有不同，并不是“非古”，而是“复古”的意思，是一个“新的古代”或“新的经典时代”，或“经典复兴的时代”。

这种说法并不限于一人，也不倡于一人，乃是文艺复兴时代的普遍见解。虽然不久宗教改革运动发生，宗教信仰又盛极一时，但文艺复兴人物崇拜古代的心理始终没有消灭，历史的三段分法也就渐渐被

① Mediaeval 为拉丁文“中间”（Medius）与“时代”（Aevum）二字合成。

人公认，直到今日西洋史学界仍为这种分法所笼罩。虽不妥当，在当初这种分法还可勉强自圆其说。“上古”限于希腊、罗马；关于埃及、巴比伦和波斯，除与希腊、罗马略为发生关系外，他们只由《圣经》中知道一点事实，在正统的历史作品中对这些民族一概置诸不理。十九世纪以下情形大变。地下的发掘增加了惊人的史料与史实，和出乎意料的长期时代。这些都在希腊、罗马之前，虽不能称为“经典时代”，却可勉强称为“古代”。地下的发掘愈多，“古代”拉得愈长。到今日，古代最少有四千年，中古最多不过千年，近代只有四五百年。并且把希腊、罗马与中古近代的历史打成一片，虽嫌牵强，还可办到。但地下发见的史实太生硬，除了用生吞活剥的方法之外，万难与传统的历史系统融合为一。专讲埃及史或巴比伦史，还不觉得为难；一旦希求完备的通史，就感到进退窘迫。凡读通史的人，对希腊以前时间非常长而篇幅非常短的一段都有莫明其妙的感想，几万言或十几万言读过之后，仍是与未读之前同样的糊涂，仍不明白这些话到底与后来的发展有什么关系。近年来更变本加厉，把民族、血统完全间断，文化系统线索不明的新石器时代与旧石器时代也加上去，[①] 甚至有人从开天辟地或天地未形之先讲起，[②] 愈发使人怀疑史学到底有没有范围，是否一种大而无外的万宝囊。

西洋人这种不加深思的行动，到中国也就成了金科玉律，我们也就无条件地认“西洋上古”为一个神怪小说中无所不包的乾坤如意袋。

① 新石器时代的人类与近人大概有血统的关系，虽然同一地的新石器人类不见得一定是后来开化人类的祖先，文化系统也不见得是一线相传。至于旧石器时代的人类，与近人并不是同一的物种。

② H.G.Wells 的 *Outline of History* 是最早、最著名的例子。近年来东西各国效颦的人不胜枚举。

西洋人自己既然如此看法，我们也随着附和，还有可说；但摹仿西洋，把中国史也分为三段，就未免自扰了。中国从前也有断代的方法，不过后来渐渐被人忘记。在《易·系辞》中已有“上古”、“中古”的名称，“上古”是指“穴居野处，结绳而治”的时代，“中古”是指殷周之际，所谓“殷之末世，周之盛德”的纣与文王的时代。[①]以此类推，西周以下当为近代。若求周备，可称西周为“近古”，就是荀子所谓“后王”的时代，[②]礼乐崩坏，“世风日下”，“人心不古”的春秋、战国可称“近世”或“近代”。这大体可代表战国诸子的历史观与历史分期法。秦汉以下，历史的变化较少，一般人生长在不变之世，对于以往轰轰烈烈的变化，渐渐不能明了，史学于是也变成历朝历代的平面叙述。断代的问题并不发生，因为清楚的时代观念根本缺乏。

19世纪西学东渐以后，国人见西洋史分为三段，于是就把中国史也尔样划分。战国诸子的分法到今日当然已不适用，于是就参考西洋的前例，以先秦时代为上古，秦汉至五代为中古，宋以后为近代。再完备的就以宋为近古，元、明、清为近代，近百年为现代。此外大同小异的分期法，更不知有多少。这种分期法倡于何人，已无可考，正如西洋史的三段分法由何人始创的不可考一样。[③]但西洋史的三段分法，若把希腊以前除外，还勉强可通；至于中国史的三段分法或五六段分法，却极难说得圆满。

---

① 见《易·系辞》下。

② 见《荀子》卷三《非相篇》第五，卷五《王制篇》第九。《韩非子》卷十九《五蠹篇》第四十九以有巢、燧人的二代为上古，以尧、舜、禹之世为中古，以商周为近古，与《荀子》略异。

③ 若详细搜索清末的文字，或者可找到创始的人。但这种事殊不值得特别费时间去做；将来或有人无意中有所发现。

近年来中国史的上古也与西洋史的上古遭了同样的命运。中国古代的神话史本来很长，但一向在半信半疑之间，并不成严重的问题。近来地下发现了石器时代的遗物，于是中国史戴上了一顶石头帽子。这还不要紧。北京猿人发现之后，有些夸大习性未除的国人更欢喜欲狂，认为科学已证明中国历史可向上拉长几十万年。殊不知这种盗谱高攀的举动极为可笑，因为北京猿人早已断子绝孙，我们决不会是他的后代。由史学的立场来看，北京人的发现与一个古龙蛋的发现处在同等的地位，与史学同样的毫不相干。据今日所知，旧石器时代各种不同的人类早已消灭，唯一残留到后代的塔斯玛尼亚人（Tasmanians）到十九世纪也都死尽。[①]新石器时代的人到底由何而来，至今仍为人类学上的一个未解之谜；是由旧石器时代的人类演变而出，或由他种动物突变而出，全不可知。新石器时代的文化是否由旧石器时代蜕化而出，也无人能断定；新旧两石器时代的人类似乎不是同一的物种，两者之间能否有文化的传达，很成问题。新石器的人类与今日的人类属于同一物种，文化的线索也有可寻，但不见得某一地的新石器时代人类就是同地后来开化人类的祖先，某一地的新石器文化也不见得一定与同地后来的高等文化有连带的关系。因为我们日常习用“中国史”、“英国史”、“欧洲史”一类的名词，无意之间就发生误会，以为一块地方就当然有它的历史。由自然科学的立场来看，地方也有历史，但那是属于地质学与自然地理学的范围的，与史学本身无关。地方与民族打成一片，在一定的时间范围以内，才有历史。民族已变，文化的线索已断，虽是

① 见 W.J.Sollas 著 *Ancient Hunters* 第四章。

同一地方，也不是同一的历史。这个道理应当很明显，但连史学专家也时常把它忽略。无论在中国或西洋，“上古史”的一切不可通的赘疣都由这种忽略而发生。所以关于任何地方的上古史或所谓“史前史”，即或民族文化都一贯相传，最早也只能由新石器时代说起，前此的事实无论如何有趣，也不属于史学的范围。这是第一个“正名”的要点。

人类史的最早起点既已弄清，此后的问题就可简单许多。在中国时常用的名词，除“中国史”之外，还有“世界史”、“外国史”与“西洋史”三种名称。“世界史”按理当包括全人类，但平常用起来多把中国史除外，所以“世界史”等于“外国史”。至于“外国史”与“西洋史”有何异同，虽没有清楚的说法，但大致可以推定。我们可先看“西洋史”到底何指。“西洋”是一个常用的名词，但若追问“西洋”的时间与空间的范围，恐怕百人中不见得有一人能说清。若说西洋史为欧洲史，当初以东欧为中心的土耳其帝国制度文物的发展是否西洋史的一部分？若是，为何一般西洋史的书中对此一字不提；若不是，土耳其帝国盛时的大部显然在欧洲。西历前的希腊与近数百年的希腊是否同一的属于西洋的范围？若说欧洲与地中海沿岸为西洋，起初不知有地中海的古巴比伦人为何也在西洋史中叙述？回教到底是否属于西洋？若不属西洋，为何一切西洋中古史的书中都为它另辟几章？若属于西洋，为何在西洋近代史的书中除不得不谈的外交关系外，把回教完全撇开不顾？欧洲新石器时代的文化与埃及文化有何关系？埃及已经开化之后，欧洲仍在新石器时代，但西洋通史的书中为何先叙述欧洲本部的石器文化，然后跳过大海去讲埃及？这些问题，以及其他无数可以想见的问题，不只一般人不能回答，去请教各种西洋史的作者，恐怕也得不了满意的答复。

“西洋”一词（The West 或 The Occident）在欧美人用来意义已经非常含混，到中国就更加空泛。我们若详为分析，就可看出“西洋”有三种不同的意义，可称为泛义的、广义的与狭义的。狭义的西洋专指中古以下的欧西，就是波兰以西的地方，近四百年来又包括新大陆。东欧部分，只讲它与欧西的政治外交关系，本身的发展并不注意，可见东欧并不属于狭义的西洋的范围。这是以日耳曼民族为主所创造的文化。我们日常说话用“西洋”一词时，心目中大半就是指着这个狭义的西洋。

广义的西洋，除中古与近代的欧西之外，又加上希腊罗马的所谓经典文化，也就是文艺复兴时代的所谓上古文化。讲思想学术文艺的发展的书中，与学究谈话时所用的“西洋”，就是这个广义的西洋。

泛义的西洋，除希腊、罗马与欧西外，又添上回教与地下发掘出来的埃及、巴比伦以及新石器时代，甚至再加上欧洲的旧石器时代。这是通史中的西洋，除了作通史的人之外，绝少这样泛用名词的。

对于希腊以前的古民族，欧美人往往半推半就，既不愿放弃，又不很愿意直截了当地称它们为“西洋”，而另外起名为“古代的东方”（The Ancient East 或 The Ancient Orient）。但希腊文化最初的中心点在小亚细亚，与埃及处在相同的经线上，为何埃及为“东”而希腊为“西”，很是玄妙。回教盛时，西达西班牙，却也仍说它是“东方”。同时，西洋通史又非把这些“东方”的民族叙述在内不可，更使人糊涂。总之，这都是将事实去迁就理论的把戏。泛义的西洋实际包括埃及、巴比伦、希腊、罗马、回教、欧西五个独立的文化，各有各的发展步骤，不能勉强牵合。至于欧洲的新石器时代，与这些文化有何关系，是到今日无人能具体说明的问题。这五个独立的文化在时间上或空间上或有交互的关系，但每个都有自立自主的历史，不能合并叙述。若勉强合讲，必使读者感觉头绪混乱。我们读西洋上古史，总弄不清楚，就是因为这个道理；中古史中关于回教的若即若离的描写，往往也令人莫测高深。把几个独立的线索，用年代先后的死办法，硬编成一个线索，当然要使读者越读越糊涂了。

欧西的人尽量借用希腊、罗马的文献，当经典去崇拜，所以两者之间较比任何其他两个文化，关系都密切。但推其究竟，仍是两个不同的个体。希腊、罗马文化的重心在小亚细亚西岸与希腊半岛，意大利半岛的南部处在附属的地位，北部是偏僻的野地，地中海沿岸其他各地只是末期的薄暮地带。今日希腊半岛的民族已不是古代的希腊民族，今日的意大利人也更不是古代的罗马人。真正的希腊人与罗马人已经消灭。至于欧西文化的重心，中古时代在意大利北部与日耳曼，近代以英、法、德三国最为重要。希腊半岛与欧西文化完全无关，最近百年才被欧西所同化。上古比较重要的意大利南部也始终处在附属的地位。地中海南岸与欧西文化也完全脱离关系。创造欧西文化的，以日耳曼人为主体，古罗马人只贡献一点不重要的血统。连今日所谓拉丁民族的法兰西、意大利、西班牙人中也有很重要的日耳曼成分；称他们为拉丁民族，不过是因为他们的语言大体是由古拉丁语蜕化而出。希腊、罗马文化与欧西文化关系特别密切，但无论由民族或文化重心来看，都绝不相同。其他关系疏远的文化之间，当然更难找同一的线索了。这是“正名”工作的第二种收获，使我们知道西洋一词到底何指。狭义的用法，最为妥当；广义的用法，还可将就；泛义的用法，绝要不得。

日常所谓“西洋史”既包括五个不同的文化，在人类所创造的独立文化中，除新大陆的古文化不计外，只有两个未包括在内，就是中国与印度。所以我们平常所谓“外国史”或“世界史”只比“西洋史”多一个印度。若因印度人与“西洋人”都属于印欧种而合同叙述，“外国史”或“世界史”就与“西洋史”意义相同了。这是“正名”的第三种收获，使我们知道三个名词的异同关系。

文化既是个别的，断代当然以每个独立的文化为对象，不能把几个不同的个体混为一谈而牵强分期。每个文化都有它自然发展消长的步骤，合起来讲，必讲不通；若把人类史认为是一个纯一的历史，必致到处碰壁，中国的殷周时代当然与同时的欧洲或西亚的历史性质完全不同，中古时代的欧西与同时的希腊半岛也背道而驰。我们必须把每个文化时间与空间的范围认清，然后断代的问题以及一切的史学研究才能通行无阻。这是“正名”的第四种收获，使我们知道人类历史并不是一元的，必须分开探讨。互相比较，当然可以；但每个文化的独立性必须认清。

在每个文化的发展中，都可看出不同的时代与变化。本文对中国特别注意，把中国史分期之后，再与其他文化相互比较，看看能否发现新的道理。

二、中国史的分期

中国四千年来的历史可分为两大周。第一周，由最初至西元383年的淝水之战，大致是纯粹的华夏民族创造文化的时期，外来的血统与文化没有重要的地位。第一周的中国可称为古典的中国。第二周，由西元383年至今日，是北方各种胡族屡次入侵，印度的佛教深刻地影响中国文化的时期。无论在血统上或文化上，都起了大的变化。第二周的中国已不是当初纯华夏族的古典中国，而是胡汉混合、梵华同化的新中国，一个综合的中国。虽然无论在民族血统上或文化意识上，都可说中国的个性并没有丧失，外来的成分却占很重要的地位。为方便起见，这两大周可分开来讲。

华夏民族的来源，至今仍是不能解决的问题。我们只能说，在西元前3000至前2000年间，日后华夏民族的祖先已定居在黄河流域一带。至于当初就居住此地，或由别处移来，还都是不能证明的事。在整个的第一周，黄河流域是政治文化的重心，长江流域处在附属的地位，珠江流域到末期才加入中国文化的范围。第一周，除所谓史前期之外，可分为五个时代：

（一）封建时代（西元前1200—前771年）；
（二）春秋时代（西元前770—前473年）；
（三）战国时代（西元前473—前221年）；
（四）帝国时代（西元前221—西元88年）；

（五）帝国衰亡与古典文化没落时代（西元 88—383 年）。

在西元前 3000 年以后，黄河流域一带，北至辽宁与内蒙，渐渐进入新石器文化的阶段。除石器之外，还有各种有彩色与无彩色的陶器最足代表此期的文化。无彩色的陶器中有的与后来铜器中的鬲与鼎形状相同，证明此期与商周的铜器时代有连接的文化关系。与新石器时代遗物合同发现的骸骨与后世的华夏人，尤其北方一带的人大致相同，证明此期的人已是日后华夏民族的祖先。[①]

这些原始的中国人分部落而居，以渔猎或畜牧为生，但一种幼稚的农业，就是人类学家所谓锄头农业（Hoe Kulture），已经开始。在西元前 2000 年左右，这些部落似乎已进入新石器时代的末期，就是所谓金石并用期。石器、骨器、陶器之外，人类又学会制造铜器。农业的地位日趋重要，与农业相并进行的有社会阶级的产生。人民渐渐分为贵族巫祝的地主与平民的佃奴两个阶级。这种阶级的分别直延到封建的末期，才开始破裂。部落间的竞争，继续不断，当初成百成千的部落数目逐渐减少。到西元前 1700 年左右，或略前，有两个强大的部落出现，就是夏与商。夏当初大概比较盛强，许多小部落都承认它为上国。所以“夏”、“华夏”或“诸夏”就成了整个民族的种名。但商是夏的死敌，经过长期的竞争之后，在西元前 1600 年左右，商王成汤灭夏，所有的部落都被臣服，最早松散的半封建帝国，部落组成的

---

① Black.D. 著 *The Human Skeletal Remains from Sha Kuo T'un*；*A Note on the Physical Characters of the Prehistoric Kansu Race*。

帝国，由此成立。可惜此后三百年间的经过，我们完全不知道。但我们可断定，在西元前 1600 年左右必已有一个比较可靠的历法，否则农业不能发达。同时必已发明文字，因为自成汤以下历代的王名都比较可靠，并且传于后代。

*　　*　　*　　*　　*

据《竹书纪年》，在西元前 1300 年，盘庚迁殷。这是中国历史上第一个比较确定的年代，可认为封建时代的开始。关于此前三百年，我们只知商王屡次迁都；但此后三百年殷总是商王势力的中心。这或者证明前三百年间商王的共主地位只是名义上的。因势力不稳，而时常被迫迁都。或因其他的关系迁都；但因为势力微弱才能因小故而迁都，若势力稳固就不能轻易迁动国本。到盘庚时真正的封建制度与封建帝国才算成立，已不是许多实际独立的部落所组成的松散帝国。商王是所有部落的共主，又称天子，势力最少可达到一部分的部落之内，或者有少数的部落是被商王征服之后又封给亲信的人的。但无论当初的部落，或后封的诸侯，内政则大致自由，诸侯的地位都是世袭的。

后来周兴起于西方，据《竹书纪年》，于西元前 1027 年灭商，代商为天子。武王周公相继把东方的领土大部征服，然后封子弟功臣为诸侯。所以周王的势力大于前此的商王，周的封建帝国也较商为强。但整个的制度仍是封建的，天子只直接统辖王畿，诸侯在各国仍是世袭自治的。

约在西元前900年左右，封建帝国渐呈裂痕。诸侯的势力日愈强大，上凌共主的天子，下制国内的贵族。经过长期的大并小强兼弱之后，少数的大国实际变成统一的国家与独立的势力，天子不能再加干涉。西元前860年左右，厉王即位，想要压迫诸侯，恢复旧日的封建帝国。这种企图完全失败，在西元前842年，厉王自己也被迫退位。此后十四年间王位空虚，诸侯更可任意发展。迨宣王（西元前827—前782年）即位之后，诸侯已非王力所能制服。戎人屡屡寇边，内中有诸侯的阴谋也未可知。宣王最后败于戎人，不能再起。幽王（西元前781—前771年）的情形更为狼狈，最后并被戎人所杀。整个的西部王畿临时都遭戎人蹂躏。平王（西元前770—前720年）不得已而东迁，封建共主的周王从此就成了傀儡。我们已进到列国为政治重心的春秋时代。

封建时代的精神生活为宗教所包办。自然界的各种现象都被神化。风伯、雨师、田祖、先炊、河伯以及无数其他的神祇充满天地间。最高的有无所不辖的上帝，与上帝相对的有地上最高灵祇的后土。除此之外，人与神的界限并不严明。所有贵族的人死后都成神，受子孙的崇拜。

* * * * *

“春秋”本是书名，书中纪年由西元前722—前481年。但我们若完全为一本书所限，又未免太迂。若由前722年起，此前的五十年将成虚悬，无所归宿。以前481年为终点，还无不可，因为西元前五世纪初期的确是一个剧变的时期。但那一年并没有特殊的大事发生。此后三十年间可纪念的事很多，都可作为时代的终点。西元前479年，孔子死；前 477 年，田桓割齐东部为封邑，田齐实际成立；前 473 年，越灭吴；前 464 年，《左传》终；前 453 年，《国策》始，就是韩、赵、魏灭智氏，三晋实际成立的一年。这都值得注意。《通鉴》始于韩、赵、魏正式为诸侯的前 403 年，认为战国的始点，略嫌太晚。我们定越灭吴的前 473 年为春秋战国之间的划界年，原因下面自明。

东迁以后，实际独立的列国并争，开始有了一个国际的局面。齐、晋、秦、楚四方的四个大国特别盛强，中原的一群小国成了大国间争夺的对象。这种争夺就是所谓争霸或争盟。大小诸国在名义上仍都承认周王的共主地位，但天子的实权早已消灭，他的唯一功用就是正式承认强力者为霸主。当初齐桓、晋文相继独霸中原。但楚国日趋盛强，使这种独霸的局面不能维持。秦在春秋时代始终未曾十分强大，齐自桓公死后也为二等国，天下于是就成了晋、楚争盟的均势局面。中原的北部大致属晋，南部大致属楚。

这些竞争的列国，内部大体都已统一。封建的贵族虽仍存在，诸侯在各国内部都已成了最高的实力者，贵族只得在国君之下活动，帮助国君维持国力。平民仍未参政，在国君的统治之下，贵族仍包揽政治。所以春秋可说是封建残余的时代。但贵族的势力，在各国之间也有差别。例如在秦、楚二国，贵族很为微弱；在晋国，贵族势力就非常强大，世卿各有封土，国君只有设法维持世卿间的均势才能保障自己的地位。但这种办法终非长久之策，最后世卿实际独立，互相征伐，晋君成为傀儡，晋国因而失去盟主的地位。但楚国并未利用这个机会北进，因为在东方有新兴的吴国向它不住地进攻，使它无暇北顾。吴的兴起是春秋的大变局。

吴国兴起不久，南边又崛起了一个越国，两国间的竞争就结束了春秋的局面。春秋时代的战争是维持均势的战争，大国之间并不想互相吞并。吴越的战争，性质不同。吴仍有春秋时代的精神，虽有机会，又有伍子胥的怂恿，但并未极力利用机会去灭越。然而越国一日得手，就不再客气，直截了当地把第一等大国的吴一股吞并。这是战国时代的精神，战国的战争都是以消灭对方为目的的战争。所以春秋末期的变化虽多，吴越的苦战可说是最大的变化，是末次的春秋战争，也是初次的战国战争。越灭吴之年是最适当的划分时代的一年。

春秋大部的时间似乎仍在宗教的笼罩之下。但到末期，大局发生剧变，独立的思潮开始抬头。对时局肯用心深思的人大致分为三派。第一为迎合潮流，去参加推翻旧势力的工作的人。这种人可以邓析为代表，是专门批评旧制，并故意与当权者为难的人。[①]第二，为悲观派，认为天下大局毫无希望，只有独善其身，由火坑中求自己的超脱。这种隐士，孔子遇见许多；楚狂接舆、长沮、桀溺都是这一流的人。第三，就是孔子的一派，崇拜将要成为过去的，或大半已经成为过去的旧制度文物，苦口婆心地去宣传保守与复古。每到剧变的时代，我们都可遇到同样的三种人：为旧制辩护的人，反对旧制的人与逃避现实的纠纷的人。

① 《左传》定公九年；《吕氏春秋》卷十八《审应览》第六《离谓篇》。

* * * * *

“战国”一词的来源，不甚清楚。司马迁已用此名，可见最晚到汉武帝时已经流行。[①]《战国策》成书似在秦末或汉初或楚汉之际。[②]但书名本来无定，不知当初“战国策”是否也为书名之一。[③]若然，“战国”一词在秦汉之际已经通行。但很可能，在秦并六国之先，已有人感觉当时战争太多太烈，而称它为“战国”。所以这个名称不见得一定是后人起的，也须是当时人自定的。《战国策》卷六《秦策四》顿弱谓“山东战国有六”，卷二十《赵策三》赵奢谓“今取古之万国者分以为战国七”。可见“战国”一词起于当代。一般以为自《战国策》书名而来，乃是一个很自然而不正确的印象。

战国初期的一百年间是一个大革命的时代。三家分晋与田氏篡齐不过是最明显的表面变化，骨子里的情形较此尤为紧张。各国内部，除政治骚乱外，都起了社会的变化。封建残余的贵族都被推翻，诸侯都成了专制独裁的君主。所有的人民最少在理论上从此都一律平等，任何人都可一跃而为卿相，卿相也可一朝而堕为庶民。一切荣辱都操在国君手中。要在政治上活动的人，无论文武，都须仰国君的鼻息。同时，人民既然平等，就须都去当兵，征兵的制度开始成立。当兵已不是贵族的权利，而是全体人民的义务。所有的战争都是以尽量屠杀

① 《史记》卷十五《六国年表序》。

② 六国中齐最后亡，齐亡时的情形，卷十三《齐策》六中有记载。卷三十一《燕策》三中又提到高渐离谋刺秦始皇的事，可见成书必在秦并六国之后。书中似乎没有汉的痕迹。

③ 据刘向《战国策》目录，书名原有《国策》、《国事》、《短长》、《事语》、《长书》、《脩书》六种。不知“国策”是否“战国策”的缩写。

为手段，以夺取土地为目的的拼命决斗。周天子名义上的一点地位也无人再肯承认，一切客气的“礼乐”都已破坏无遗。这是中国历史上唯一全体人民参战的时代。

战争最烈的时代也是中国思想史上的黄金时代。各家争鸣，都想提出最适当的方案，去解决当前的严重问题。各派都认为当设法使天下平定，最好的平定方法就是统一。但统一的方策各自不同。除独善其身的杨家和道家与专事辩理的名家外，儒、墨、法、阴阳四家都希望人君能实行他们的理想以平天下。除了法家之外，这些学说都不很切实际，最后平定天下的仍是武力。但秦并六国后却承认阴阳家的五德终始说，自认为以水德王。

*　　*　　*　　*　　*

西元前 221 年，秦始皇创了自古未有的新局。前此无论名义如何，实际总是分裂的。自此以后，二千年间统一是常态，分裂是变局。但在二千年的统一中，以秦、西汉及东汉中兴的三百年间的统一为最长，最稳固，最光荣。二千年来的中国的基础可说都立于这三个世纪。秦始皇立名号，普遍的设立郡县，统一度量，同文，同轨。一般讲来，这都是此后历朝所谨守的遗产。中国的疆土在汉武帝时立下大致的规模，此后很少超出这个范围。

社会制度也凝结于此时。传统的宗法社会在战国时代颇受打击。商鞅鼓励大家族析为小家庭的办法，恐怕不限于秦一国，乃是当时普遍的政策。为增加人民对于国家的忠心，非打破大家族、减少家族内的团结力不可。这种政策不见得完全成功，但宗法制度必受了严重的摇撼。到汉代就把这种将消未消的古制重新恢复。在重农抑商的政策之下，秉持宗法的大地主阶级势力日盛。同时，儒教成为国教后，这个事事复古的派别使宗法社会居然还魂。丧服与三年丧是宗法制度的特殊象征。这种在春秋时代已经衰败，在战国时代只是少数儒家迂夫子的古董的丧制，到汉代又渐渐重建起来。[①]

帝国成立之后，争鸣的百家大半失去存在的理由，因而无形消灭。若把此事全都归咎于秦始皇的焚书，未免把焚书的效能看得太高。只有儒、道、阴阳三家仍继续维持，但三者的宗教成分都日愈加重。孔子虽始终没有成神，但素王也演化为一个很神秘的人格。道家渐渐变成道教；鬼神、符箓、炼丹、长生的各种迷信都成了它的教义。阴阳家自始就富于神秘色彩，至此儒道两家都尽量吸收它的理论。汉的精神界可说是儒、道、阴阳合同统治的天下。

*　　*　　*　　*　　*

和帝一代（西元 89—105 年）是重要的过渡时期。此前三百年间，除几个短期的变乱之外，帝国是一致的盛强的。由和帝以下，帝国的衰退日益显著。内政日坏，外族的势力日大，最后北部边疆的领土实际都成了胡人的殖民地。民族的尚武精神消失，帝国的军队以胡人为

① 关于此点，两《汉书》中材料太多，不胜枚举。关于汉儒的丧服理论，可参考《白虎通》卷四。

主干。在这种内外交迫的局势之下，大小的变乱不断发生。羌乱，党锢之祸，黄巾贼，十常侍之乱，董卓之乱，李傕、郭汜之乱，前后就把帝国的命运断送。经过和帝以下百年的摧残之后，天下四分五裂，帝国名存实亡。三国鼎立之后，晋虽临时统一，但内部总不能整顿，外力总不能消灭。勉强经过三个魏晋的百年挣扎之后，胡人终于把中原占据，汉人大批的渡江南迁。

同时，精神方面也呈现相似的衰颓状态。儒教枯燥无味，经过几百年的训诂附会之后，渐渐被人厌弃。比较独立的人都投附于一种颓废的老庄学说，就是所谓清谈。平民社会的迷信程度日愈加深，一种道教会也于汉末成立。在这种种无望的情形下，佛教暗中侵入。当初还不很惹人注意，但自汉末以下势力日大，与无形中侵蚀土地的胡人同为威胁传统中国的外力。

胡人起事的八十年后（西元383年），北方临时被外族统一，苻坚决意要渡江灭晋，统一天下。淝水之战是一个决定历史命运的战争。当时胡人如果胜利，此后有否中国实为问题。因为此时汉族在南方的势力仍未根深蒂固，与后来蒙古、满清过江时的情形大不相同。不只珠江流域尚为汉族殖民的边区，连江南也没有彻底的汉化，蛮族仍有相当的势力，[①]汉人仍然稀少。胡人若真过江，南方脆弱的汉族势力实有完全消灭的危险。南北两失，汉族将来能否复兴，很成问题。即或中国不至全亡，最少此后的历史要成一个全新的局面，必与后来实际

① 《宋书》卷九十七《夷蛮列传》；《南史》卷七十九《诸蛮列传》。

实现的情形不同。东晋在淝水虽占了上风，中国所受的冲动已是很大。此后二百年间，中国的面目无形改变。胡、汉两族要混合为一，成为一个新的汉族，佛教要与中国文化发生不可分的关系。中国文化已由古典的第一周进到胡人血统与印度宗教被大量吸收的第二周了。

*　　*　　*　　*　　*

胡人的血统在第一周的末期开始内浸，在整个第二周的期间都不断地渗入。一批一批的北族向南推进，征服中国的一部或全部，但最后都与汉人混一。唯一的例外就是蒙古。北族内侵一次，汉族就大规模地渡江向南移殖一次。在第一周处在附属地位的江南与边疆地位的岭南，到第二周地位日见提高，政治上成了一个重要的区域，文化上最后成了重心。

佛教也是在第一周的末期进入中国，但到第二周才与中国文化发生了化学的作用。中国文化原有的个性可说没有丧失，但所有第二周的中国人，无论口头上礼佛与否，实际没有一个人在他的宇宙人生观上能完全逃脱佛教的影响。

第二周也可分为五期：

（一）南北朝、隋、唐、五代（西元 383—960 年）；

（二）宋代（西元 960—1279 年）；

（三）元明（西元 1279—1528 年）；

（四）晚明盛清（西元 1528—1839 年）；

（五）清末中华民国（西元 1839 年以下）。

第一周的时代各有专名，第二周的时代只以朝代为名。这并不是偶然的事。第二周的各代之间仍是各有特征，但在政治社会方面一千五百年间可说没有什么本质的变化，大体上只不过保守流传秦汉帝国所创设的制度而已。朝代的更换很多，但除强弱的不同外，规模总逃不出秦汉的范围。只在文物方面，如宗教、哲学、文艺之类，才有真正的演变。最近百年来，西化东渐，中国文化的各方面才受了绝大的冲动，连固定不变的政治社会制度也开始动摇。

* * * * *

南北朝[①]、隋、唐、五代是一个大的过渡、综合与创造的时代。南北朝的二百年间，北方的胡族渐与汉人同化，同时江南的蛮人也大半被汉族所同化。到隋统一宇内的时候，天下已无严重的种族问题，所以这个新的汉族才能创造一个媲美秦、汉的大帝国。同时，在南北朝

① “南北朝”在中国史学上是一个意义极其含混的名词。《南史》与《北史》同为李延寿一人所撰，但《北史》始于拓跋魏成立的西元 386 年，终于隋亡的 618 年；《南史》始于刘宋成立的 420 年，终于陈亡的 589 年。所以《北史》的首尾都超过《南史》。关于南北朝的始点，有人用 386 年，有人用 420 年，又有人用魏统一北方的 439 年。关于终点，隋亡的年当然不可用，因为当时已非南北分立的局面；一般多用隋灭陈而统一天下的 589 年，可算非常恰当。关于南北朝的始点，很难武断的规定。当然五胡起事的 304 年或东晋成立于江南的 317 年都可认为是南北分立的开始。但当初的局面非常混沌，一般称此期为“五胡乱华”的时期，十分妥当。386 与 420 两年，除两个朝代的创立之外，并没有特殊的重要，439 年又嫌太晚，都不应定为时代的开始。到淝水之战后，北方已很明显地要长期丧于胡人，同时胡人也觉悟到长江天险的不易飞渡，南北分立的局面至此才算清楚，分立局面下种族与文化的酝酿调和也可说由此开始。所以我们不只把 383 年当为南北朝的开始年，并且定它为第二周的起发点。

期间，新旧文化的竞争也在夷夏论辩与三教合一的口号之下得到结束。在汉代，佛教并未被人注意，因为当时那仍是一个不足注意的外来势力。到南北朝时佛教大盛。以儒、道为代表的旧文化开始感到外力的威胁，于是才向所谓夷狄之教下总攻击。由《弘明集》中我们仍可想见当时新旧文化竞争的紧张空气。这种竞争到种族混一成功时也就告一段落，佛教已与旧有的文化打成一片，无需再有激烈的争辩。调和一切、包含一切的天台宗恰巧此时成立，并非偶然。同时，中国式的佛教的最早创作也于此时出现，就是有名的《大乘起信论》。[①] 伟大的隋、唐帝国与灿烂的隋、唐文化都可说是南北朝二百年酝酿的结果。

隋、唐的天子在内称皇帝，对外称“天可汗”，象征新的帝国是一个原由胡、汉混成，现在仍由胡、汉合作的二元大帝国。所以外族的人才时常被擢用，在《唐书》的列传里我们可遇到很多的外族人。佛教的各派，尤其像华严宗、法相宗、禅宗一类或内容宏大或影响深远的派别，都在此时发展到最高的程度。完全宗教化的净土宗也在此时泛滥于整个的社会，尤其是平民的社会。在唐代文化结晶品的唐诗中，也有丰富的释家色彩。

历史上的平淡时代可以拉得很长，但光荣的时代却没有能够持久的。隋、唐的伟大时代前后还不到二百年，安史之乱以后不只政治的强盛时期已成过去，连文化方面的发展也渐微弱。藩镇、宦官与新的外祸使帝国的统一名存实亡；五代时的分裂与外祸不过是晚唐情形的

① 见梁启超《大乘起信论考证》。

表面化。在文化方面发生了复古的运动，韩愈、李翱一般人提倡一种新的儒教，以老牌的孔孟之道相号召。佛教虽仍能勉强维持，极盛的时期却已过去，宋代的理学已经萌芽。所以南北朝、隋、唐、五代代表一个整个的兴起，极盛与转衰的文化运动。

*　　*　　*　　*　　*

宋代的三百年间是一个整理清算的时代。在政治社会方面，自从大唐的二元帝国破裂之后，中国总未能再树立健全的组织，国力总不能恢复。二百年来的分裂割据局面到 960 年算是告一段落，但各种难题仍未解决。隋、唐短期间所实行的半征兵制度的府兵早已破裂，军队又成了不负责任的流民集团。财政的紊乱与人民负担的繁重也是一个极需下手解决的问题。隋、唐时代的科举制度至此已成为死攻儒经的呆板办法，真正的人才难以出现，国家的难题无人能出来应付。在这种种的情形之下，宋连一个最低限度的自然国境都不能达到，也无足怪。不只外族的土地，寸尺不能占有，连以往混乱期间所丧失的河西与燕云之地也没有能力收复。这是中国本部东北与西北的国防要地，若操在外人手里，中国北方的安全就时刻感到威胁。宋不只无力收复，并且每年还要与辽夏入贡（巧立名目为“岁币”），才得苟安。

整个的中国显然是很不健全，极需彻底的整顿。王安石变法代表一个面面俱到的整理计划，处处都针对着各种积弊，以图挽回中国的颓运。但消极、破坏与守旧的势力太强，真正肯为革新运动努力的人太少，以致变法的运动完全失败。不久中原就又丧于外人，宋只得又渡江偏安。最后连江南都不能保，整个的中国第一次亡于异族。

在思想方面也有同样的整顿运动，并且这种企图没有像政治社会变法那样完全失败。无论衷心情愿与否，中国总算已经接受了外来的佛教，永不能把它摈除。但人类一般的心理，无论受了别人如何大的影响，在口头上多半不愿承认。实际中国并未曾全部印度化，中国的佛教也不是印度的佛教，但连所吸收的一点印度成分中国也不愿永久袭用外来的招牌。宋代理学的整顿工作，可说是一种调换招牌的运动。在以往，中国参考原有的思想，尤其是道家的思想，已创了一个中国式的佛教。现在中国人要把这种中印合璧的佛教改头换面，硬称它为老牌的古典文化，就是儒教。宋代诸子最后调和了中国式的佛教，原有的道教，与正统的儒教，结果产生了一种混合物，可称为新儒教。这种结果的价值难以断定，但最少不似政治社会方面整顿计划的那样明显的失败。

* * * * *

元、明两代是一个失败与结束的时代。一百年间整个的中国初次受制于外族。五胡、辽、金所未能实现的，至此由蒙古人达到目的。这是过度保守、过度松散的政治社会的当然命运。蒙古人并且与此前的外族不同，他们不要与中国同化，还要鼓励汉人摹仿蒙古的风俗习惯，学习蒙古的语言文字。所以中国不只在政治上失败，文化上也感到空前的压迫。但蒙古人虽不肯汉化，不久却也腐化，所以不到百年就被推翻。

明是唐以后唯一的整个中国自治统一的时代，不只东北与西北的国防要地完全收复，并且塞外有军事价值的土地也被并入帝国的范围。这种局面前后维持了二百年，较宋代大有可观。但这种表面上的光荣却不能掩盖内里的腐败。科举制度最后僵化为八股文的技术，整个民族的心灵从此就被一套一套的口头禅所封闭，再求一个经世的通才已办不到。宋代还能产生一个王安石，到明代要找一个明了王安石的人已不可得。此外，政治的发展也达到腐败的尽头。廷杖是明代三百年间的绝大羞耻。明初诛戮功臣的广泛与野蛮，也远在西汉之上；汉高情有可原，明祖绝不可恕。[①]成祖以下二百余年间国家的大权多半操在宦官手中，宦官当权成了常制，不似汉唐的非常情形。有明三百年间，由任何方面看，都始终未上轨道，整个的局面都叫人感到是人类史上的一个大污点，并且很难说谁应当对此负责。可说无人负责，也可说全体人民都当负责，整个民族与整个文化已发展到绝望的阶段。

在这种普遍的黑暗之中，只有一线的光明，就是汉族闽粤系的向外发展，证明四千年来唯一雄立东亚的民族尚未真正的走到绝境，内在的潜力与生气仍能打开新的出路。郑和的七次出使，只是一种助力，并不是决定闽粤人南洋发展的主要原动力。郑和以前已有人向南洋活动，郑和以后，冒险殖民的人更加增多，千百男女老幼的大批出发并非例外的事。[②]有的到南洋经商开矿，立下后日华侨的经济基础。又有

① 赵翼《廿二史札记》卷三十二《胡蓝之狱》。

② 赵翼《廿二史札记》卷三十四《海外诸番多内地人为通事》。

的是冒险家，攻占领土，自立为王。后来西班牙人与荷兰人所遇到的最大抵抗力，往往是出于华侨与中国酋长。汉人本为大陆民族，至此才开始转换方向，一部分成了海上民族，甚至可说是尤其宝贵难得的水陆两栖民族！

元、明两代的思想界也与政治界同样的缺乏生气。程朱思想在宋末已渐成正统的派别，明初正式推崇程朱之学，思想方面更难再有新的进展。到西元 1500 年左右，才出来一个惊人的天才，打破沉寂的理学界。王阳明是人类历史上少见的全才。政治家、军事家、学者、文人、哲学家、神秘经验者：一身能兼这许多人格，并且面面独到，传统的训练与八股的枷锁并不能消磨他的才学，这是何等可惊的人物！他是最后有贡献的理学家，也是明代唯一的伟人，他死时的 1528 年可定为划时代的一年。那正是明朝开始衰败，也正是将来要推翻传统中国的魔星方才出现的时候。约在他死前十年，葡萄牙人来到中国的南岸。后来使第二周的中国土崩瓦裂的就是他们所代表的西洋人。

*　　*　　*　　*　　*

晚明盛清是政治文化完全凝结的时代。元、明之间仍有闽、粤人的活动，王阳明的奇才，足以自负。明末以下的三百年间并没有产生一个惊人的天才，也没有创造一件值得纪念的特殊事业，三世纪的功夫都在混混沌沌的睡梦中过去。

明末的一百年间，海上的西洋人势力日大，北方前后有鞑靼、日本与满洲的三个民族兴起。这四种势力都有破灭日见衰颓的明朝的可能。西洋人的主要视线仍在新大陆、印度与南洋，未暇大规模地冲入中国，蒙古的鞑靼在四种势力中是最弱的，后来受了中国的牢笼，未成大患。日本若非丰臣秀吉在紧要关头死去，最少征服中国北部是很可想见的事。最后成功的是满洲，整个的中国第二次又亡于异族。但满人与蒙古人不同，并不想摧残中国传统的文化，他们自己也不反对汉化。他们一概追随明代的规模，一切都平平庸庸。但有一件大事，可说是清朝对汉族的一个大贡献，就是西南边省的汉化运动。云南、贵州的边地，虽在汉代就被征服，但一直到明代仍未完全汉化，土司与苗族的势力仍然可观。清世宗用鄂尔泰的计划，行改土归流的政策，鼓励汉人大批移殖，劝苗人极力汉化，在可能的范围内取消或减少土司的势力，增加满汉流官的数目与权势。至此云、贵才可说与中国本部完全打成一片。这虽不像明代闽粤兴起的那样重要，但在沉寂的三百年间可说是唯一影响远大的事件了。

王阳明以后，理学没有新的进展。盛清时的智力都集中于训诂考据。这虽非没有价值的工作，但不能算为一种创造的运动；任何创造似乎已不是此期的人所能办到。

* * * * *

鸦片战争以下的时代，至今还未结束，前途的方向尚不可知。但由百年来的趋势，我们可称它为传统政治文化总崩溃的时代。中国民族与文化的衰征早已非常明显，满人经过二百年的统治之后，也已开始腐化。在政治社会方面，不见有丝毫复兴的希望；精神方面也无一点新的冲动。在这样一个半死的局面之下，青天霹雳，海上忽然来了一个大的强力。西洋有坚强生动的政治机构，有禀性侵略的经济组织，有积极发展的文化势力；无怪中国先是莫测高深，后又怒不可遏，最后一败涂地。直到最近对于西洋的真相才有一个比较正确的认识。最足代表传统文化的帝制与科举都已废除，都市已大致西洋化，乡间西化的程度也必要日益加深。中国文化的第二周显然已快到了结束的时候。但到底如何结束，结束的方式如何，何时结束，现在还很难说。在较远的将来，我们是否还有一个第三周的希望？谁敢大胆地肯定或否定？

三、中国史与世界史的比较

以上中国历史的分期不能说是绝对的妥当，但可算为一种以时代特征为标准的尝试分期法。专讲中国史，或者看不出这种分期有何特殊的用处，但我们若把中国史与其他民族的历史比较一下，就可发现以前所未觉得的道理。由人类史的立场看，中国历史的第一周并没有什么特别，因为其他民族的历史中都有类似的发展。任何文化区，大概起初总是分为许多部落或小国家，多少具有封建的意味。后来这些小国渐渐合并为少数的大国，演成活泼生动的国际局面。最后大国间互相兼并，一国独盛，整个的文化区并为一个大帝国。这种发展，在以往的时候可说是没有例外的。在比较研究各民族的历史时，整个文化区的统一是一个不能误会的起发点。统一前的情形往往过于混乱，因为史料缺乏，头绪常弄不清。并且有的民族关于统一前能有二千年或二千年以上的史料，例如埃及与巴比伦；有的民族就几乎全无可靠的史料，例如印度。但这是史料存亡的问题，不是史迹演化的问题。史料全亡，并不足证明时代的黑暗或不重要。关于统一前的史料，知道比较清楚的，大概是埃及、希腊、罗马与中国的三个例子。由这三个文化区历史的比较，我们大致可说民族间发展的大步骤都有共同点可寻，并且所需时间的长短也差不多。希腊各小国的定居约在西元前1200年，帝国的实现约在西元前100年，[①]前后约一千一百年的功夫。中国由盘庚到秦并六国也是一千一百年。埃及最早定局似在西元前3000—前2800年间，统一约在西元前1600年，前后约一千二百至一千四百年的功夫，较前两例略长，但埃及的年代至今尚多不能确定。我们可说一个文化区由成立到统一，大致不能少于一千年，不能多于一千五百年。以此类推，其他民族的历史可以大体断定。例如关于印度帝国成立前的历史，除了北部被希腊人一度征服外，我们几乎一件具体的事都不知道。但印度帝国成立于西元前321年，所以我们可推断雅利安人在印度北部定居，建设许多小国，大概是在西元前1400年或略前。关于巴比伦的历史，地下的发现虽然不少，但头绪非常混乱，年代远不如埃及的清楚。但巴比伦帝国成立于西元前2100—前2000年间，所以我们可知巴比伦地域最初呈显定局是在西元前3100年或略前。[②]这种由详知的例子推求不详的例子的方法，是我们细密分期的第一个收获。

① 普通的书都以第一个皇帝出现的西元前31或前30年为罗马帝国开始的一年。实际在西元前100年左右整个的地中海区已经统一，帝国已经成立。

② 回教文化的问题过于复杂，争点太多，为免牵涉太远，本文对回教的历史一概从略。对此问题有兴趣的人可参考Oswald Spengler著*Decline of the West*与Arnold J.Toynbee著*A Study of History*。

这个方法虽不能叫我们未来先知，但或可使我们对将来的大概趋势能比较认清。今日世界上最活动的文化当然是最初限于欧西、今日普及欧美并泛滥于全球的西洋文化。如果可能，我们很愿知道这个有关人类命运的文化的前途。如果西洋文化不是例外，它大概也终久要演到统一帝国的阶段。但这件事何时实现，比较难说，因为西洋文化当由何时算起，仍无定论。西洋文化的降生，在西罗马帝国消灭以后，大概无人否认。但到底当由何年或何世纪算起，就有疑问了。我们可改变方法，从第一时代的末期算起。一个文化区都以封建式的分裂局面为起发点。这种局面在中国结束于西元前 770 年左右，距秦并天下为五百五十年的功夫。在希腊，这种局面（一般称为“王制时代”）约在西元前 650 年左右结束，距罗马帝国的成立也为五百五十年。埃及方面因史料缺乏，可以不论，但中国与希腊的两例如此巧合，我们以它为标准或者不致大误。西洋封建与列国并立的两时代，一般以西元 1500 年左右为枢纽；以此推算，西洋大帝国的成立当在西元 2050 年左右，距今至少尚有一世纪的功夫。西洋现在正发展到中国古代战国中期的阶段。今日少数列强的激烈竞争与雄霸世界，与多数弱小国家的完全失去自主的情形，显然是一个扩大的战国；未来的大局似乎除统一外，别无出路。

我们以上所讲的两点，都限于所谓文化的第一周。第二周尚未谈及，因为中国文化的第二周在人类史上的确是一个特殊的例外。没有其他的文化，我们能确切的说它曾有过第二周返老还童的生命。埃及由帝国成立到被波斯征服（西元前 525 年）因而渐渐消灭，当中只有一千一百年的功夫。巴比伦由帝国成立到被波斯征服（西元前539年）与消亡最多也不过有一千五百年左右的功夫。罗马帝国，若以西部计算，由成立到灭亡（一般定为西元476年）尚不到六百年。所谓东罗马帝国实际已非原来希腊罗马文化的正统继承者，我们即或承认东罗马的地位，罗马帝国由成立到灭亡（西元1453年）也不过一千五百五十年的功夫。中国由秦并六国到今日已经过二千一百五十余年，在年代方面不是任何其他文化所能及的。罗马帝国一度衰败就完全消灭，可以不论。其他任何能比较持久的文化在帝国成立以后也没有能与中国第二周相比的伟大事业。中国第二周的政治当然不像第一周那样健全，并且没有变化，只能保守第一周末期所建的规模。但二千年间大体能维持一个一统帝国的局面，保持文化的特性，并在文化方面能有新的进展与新的建设，这是人类史上绝无仅有的奇事。其他民族，不只在政治上不能维持如此之长，并且在文化方面也绝没有这种二度的生命。我们传统的习性很好夸大，但以往的夸大多不中肯；能创造第二周的文化才是真正值得我们自夸于天地间的大事。好坏是另一问题，第二周使我们不满意的地方当然很多，与我们自己的第一周相比也有逊色。但无论如何，这在人类史上是只有我们曾能做出的事，可以自负而无愧。

唯一好似可与中国相比的例子就是印度。印度帝国的成立比中国还早一百年，至今印度文化仍然存在。但自阿育王的大帝国（西元前3世纪）衰败之后，印度永未盛强。帝国成立约四百年后，在西元100年左右，印度已开始被外族征服，从此永远未得再像阿育王时代的伟大与统一，也永不能再逃出外族的羁绊。此后只有两个真正统一的时代，就是16与17世纪间的莫卧儿帝国与近来英国统治下的印度帝国，都是外族的势力。在社会方面，佛教衰败后所凝结成的四大阶级与无数的小阶级，造出一种有组织而分崩离析的怪局。即或没有外族进攻，印度内部互相之间的一笔糊涂账也总算不清。所以在政治方面印度不能有第二周。在宗教与哲学方面，印度近二千年间虽非毫无进展，但因印度人缺乏历史的观念，没有留下清楚可靠的史料，我们只有一个混沌的印象，不能看出像中国佛教与理学发展的明晰步骤。所以在文化方面，中国与印度也无从比较。第二周仍可说是我们所独有的事业。

这种独到的特点，可使我们自负，同时也叫我们自惧。其他民族的生命都不似中国这样长，创业的期间更较中国为短，这正如父母之年长叫我们“一则以喜，一则以惧”。据普通的说法，喜的是年迈的双亲仍然健在，惧的是脆弱的椿萱不知何时会忽然折断。我们能有他人所未曾有的第二周，已是“得天独厚”。我们是不是能创出尤其未闻的新纪录，去建设一个第三周的伟局？

雅乐与新声

中国文化，自古即注重音乐。由音乐的变化，可看出文化的变化；由音乐的盛衰，可看出文化的盛衰。古代祭祀时有乐舞，外交酬酢时有赋诗，王公卿大夫的宫中都有瞽师组织的乐队，士族子弟大多能歌善舞，平民的婚姻也以田野中的唱和歌舞为背景。孔子以下儒家所提倡的礼乐之治，的确是对于前代传统的一种崇拜，并非无根的理想。但正如孔子所希望恢复的封建制度，当孔子在世时已发展到没落的阶段，孔子所推崇的音乐同时也已不甚时髦。孔子死后不久，封建全消，古乐也成为少数儒家一种抱残守缺的古董。对于一般的社会，古乐已不存在，连儒家所保守的音乐是否真正的或完备的古乐，也很成问题。

一种音乐，不专是技术问题；整个的文化背景若已变化，旧的技术即或尚未失传，往往也无力继续维持一种旧的历史现象。在艺术史方面，此理尤为显著。以上一段变化，今日已无从详知，但大体的过程尚可探寻。

音乐当初并无新旧之分。但春秋晚期产生了一种新的音乐，于是旧乐从此就称“雅乐”，新兴的称为“新声”，又称“郑声”或“郑卫之音”或“濮上之音”，反对的人甚至称之为“淫声”或“亡国之音”或“靡靡之音”。新声发祥于郑、卫两国，在卫国的桑间濮上之地甚为发达。据《汉书·地理志》，“卫地有桑间濮上之阻，男女亦亟聚会，声色生焉”。濮水今已枯涸，故道在今河南延津县与滑县境内，属卫，近郑。《诗·鄘风》中有“桑中”之篇，乃男女相悦之诗，来源甚古，并非春秋末之新声。由“国风”中可知与“桑中”篇相类的情诗各国皆有，并不限于郑、卫，并且都是古代传下，而非春秋末年的产品。音乐史上的桑间濮上之音是另一回事，与郑、卫关系虽密，但不见得只是男女相悦之音，《汉书》中的解释不免有误会与附会之嫌。新声虽出于郑、卫，但要人中最悦新声的是孔子幼年时在位的晋平公（公元前557—前532年）。平公的乐师师旷，是春秋末期有名的大雅乐家，仍拥护古乐，据《国语·晋语八》的记载，他对平公的嗜好新声曾下断语：“公室其将卑乎！”后世关于平公与新乐，流传了一段美丽的故事，虽非实情，却含至理。据《韩非子·十过篇》，卫灵公朝晋，路过濮水，夜间奇声，出自水中，遂命师涓代为写谱。师涓连听两夜，将声谱完全写下。到晋后，两君相会，灵公命师涓献新声，师涓鼓琴未终，师旷抚止之曰：“此亡国之声，不可遂也。”

平公曰："此道奚出？"

师旷曰："此师延之所作，与纣为靡靡之乐也。及武王伐纣，师延东走，至于濮水而自投。故闻此声者，必于濮水之上。先闻此声者，其国必削。不可遂！"

平公曰："寡人所好者音也，子其使遂之。"

师涓鼓究之。平公问师旷曰："此所谓何声也？"

师旷曰："此所谓清商也。"

公曰："清商固最悲乎？"

师旷曰："不如清徵。"

公曰："清徵可得而闻乎？"

师旷曰："不可！古之听清徵者，皆有德义之君也。今吾君德薄，不足以听！"

平公曰："寡人之所好者音也，愿试听。"

师旷不得已，援琴而鼓。一奏之，有玄鹤二八，道南方来，集于郎门之垝。再奏之，而列。三奏之，延颈而鸣，舒翼而舞。音中宫商之声，声闻于天。平公大说，坐者皆喜。

平公提觞而起，为师旷寿。反坐而问曰："音莫悲于清徵乎？"

师旷曰："不如清角。"

平公曰："清角可得而闻乎？"

师旷曰："不可！昔者黄帝合鬼神于西泰山之上，驾象车面六蛟龙，毕方并辖，蚩尤居前，风伯进扫，雨师洒道；虎狼在前，鬼神在后，腾蛇伏地，凤凰覆上。大合鬼神，作为清角。今主君德薄，不足听之。

听之将恐有败！”

平公曰：“寡人老矣。所好者音也，愿遂听之。”

师旷不得已而鼓之。一奏，而有玄云从西北方起。再奏之，大风至，大雨随之，裂帷幕，破俎豆，隳廊瓦。坐者散走，平公恐惧，伏于廊室之间。晋国大旱，赤地三年。平公之身遂癃病。

这一段生动的故事，当然不能作为历史看，但也不是好事者的妄言。很可能春秋末战国初新声中一个主题，就是前代的许多神话故事。这可代表封建文化将消末时的一种最后的怀想与追念，其中因怀古不可复得而生的悲哀怨诉的声调特别凄惨动人。即或不然，这段故事最少也是历史事实的一种艺术化的绝好描写。由故事中可见新声靡靡悦耳，感人的魔力非常之深，性质近乎西洋所谓浪漫的音乐。末流所趋，此种音乐甚至可发展到与今日的爵士音乐相类的地步。(今日西乐中的“爵士”一词，几乎可说是中国古代“靡靡”一词的译名！)传统的雅乐，比较深沉醇厚，近乎西洋所谓古典的音乐，不专以声调感人，较声调尤为重要的是声调背后的信仰与理想。历史上大的革命时代，变化不限一方，而是普及于各部门的。春秋末战国初，是中国历史上的大革命时代，除政治社会的翻腾外，音乐也起了空前的变化：新声代替了雅乐，浪漫代替了古典。然而每逢革命，任何一种改变，一方面有人拥护，就是革命派，一方面又有人反对，就是保守派。春秋末最有名的保守派，无论讲到政治社会制度，或是讲到音乐，都是孔子。在《论语·阳货篇》中，孔子“恶郑声之乱雅乐”。《卫灵公篇》中，孔子的表示尤为清楚：“乐则韶舞。放郑声，远佞人。郑声淫，佞人殆。”孔子个人也的确能赏识雅乐，所以在齐国闻韶之后，竟至三月不知肉味！但极端保守的理想，最后总是失败。到战国时代，雅乐已成了古董，流行的音乐几乎都是新声。《礼记·乐记篇》，魏文侯（公元前400年左右）问子夏说："吾端冕而听古乐，则唯恐卧；听郑卫之音，则不知倦。敢问古乐之如彼何也？新乐之如此何也？"这简短的几句问话，可说是音乐革命全部道理的一针见血之论，指明春秋与战国两个时代之间有一条不可强渡的鸿沟。好古的人尽管推崇雅乐，真能打动人心的只有新声。

雅乐是祭祀与朝会或宴享时的必需条件之一。祭祀时，以乐"降神"，以乐"媚神"。至于朝宴时，"我有嘉宾，鼓瑟吹笙"，是当然的。这是封建制度下的一种礼数，并不是为消遣或娱乐的。其中即或含有消遣娱乐的成分，也只是附带的，主要的作用是媚神与礼客。到战国时，古代的祭祀虽未全消，但祭礼大半已成了儒家的理想，各国实际多不注意。古代的宴享之礼，也不能继续维持。音乐已完全成了一种消遣，主要的目的是娱乐。至此"声"与"色"才结了不解之缘。子夏在《乐记篇》中批评新声的话绝非虚语："今夫新乐，进俯退俯，奸声以滥，溺而不止。及优侏儒糅杂子女，不知父母，乐终不可以语，不可以道古。此新乐之发也。"新乐的主角是倡优，侏儒，歌男舜女，专供富贵之家的玩赏，古乐的郑重与庄严以及信仰理想的成分已经消灭净尽。

我们明白此点之后，对于墨子的极力反对音乐就不致感到难解了。《墨子》书中，除《非乐篇》外，《三辩篇》亦以排斥音乐为主题，可见"非乐"在墨子思想中占据很重要的地位。墨子诚然是一个庄严过度的人，对于一切的艺术大概都无赏鉴的能力，也完全不明幽默为何物。《论语》中不只屡次提到孔子发笑，甚至开玩笑，并且由许多章句中都可看出孔子是一个富于幽默而和蔼可亲的大师。《墨子》一书，虽超过《论语》的篇幅许多倍，但由始至终没有一句笑语。全部《墨子》中所表现的墨子人格，是一个诚恳过度，庄重过度，终生未尝一笑的人物。《庄子·天下篇》中批评墨子，说他“为之太过”，又谓“今墨子独生不歌，死不服”，又“其生也勤，其死也薄……使人忧，使人悲，其行难为也……反天下之心，天下不堪。墨子虽独能任，奈天下何？”又，“日夜不休，以自苦为极。”由这种种评语可想见墨子的终日拉长面孔而孜孜不已的精神，摩顶放踵以利天下为心的精神。此种人一般都是不笑的，也是不知艺术为何物的。墨子的仇视音乐，几乎成了一种变态心理。据《淮南子·说山训》，“墨子非乐，不入朝歌之邑。”城名有“歌”字，即不肯入，真是把音乐与洪水猛兽同样看待了！这即或是后人开玩笑的故事，也可证明墨子非乐论所给人的印象是如何之深了！

但墨子本人的个性，只能解释非乐的一部分。假定战国时代的音乐仍与春秋以上的音乐性质相同，仍为祭祀与朝宴时所必需，则信仰鬼神追求治平的墨子大概不致无条件的非乐。《荀子·乐论篇》，说了墨子一大篇不是，实际恐怕都是文不对题的门户之见。荀子所拥护的是雅乐，墨子所反对的是新声。正因为战国时代的音乐完全是娱乐品，并且往往是少数人的娱乐品，极端功利主义者的墨子当然要排斥攻击。同时，他本人又是一个不能赏鉴音乐的人，也就难怪他的非乐理论说得非常痛快淋漓了！

音乐一发展到纯娱乐的阶段，就离末日不远了。“亡国之音”的名称，甚为恰当；不只是国家将亡，新乐甚至可说是一种伟大文化将亡的先声。汉以下历代正史中虽都有讲到音乐的文字，但几乎全部是抽象的与机械的描写。秦汉以下，我们不再听到真正伟大的音乐，也不再见到大的音乐家。此后的所谓音乐家只是李延年一流的倡优人物，后世也日趋愈下。最近六七百年来的音乐，以戏曲中的声调为代表，可谓为音乐的极端末流。至于婚丧大事所用的音乐，使人听了真有哭不得笑不得之感！战国时代音乐虽已大变，但古代的雄厚之气尚未全消。高渐离与荆轲所共同奏唱的《易水歌》，虽然音调已完全失传，但寥寥十数字的歌词仍能使二千年后的人想见当时的悲壮气概。秦汉以下，文化的气息一代比一代微弱，以致到今日我们几乎成了一个没有音乐的民族。

近年以来，国人对古乐又渐注意，少数的有心人并且要在可能的范围内设法恢复古乐。真正的恢复，当然绝不可能。无论雅乐或新声，已都成为万古不复的过去。但这种运动却是中国又要产生新的伟大音乐的征兆，也是中国文化又要有新的发展的征兆。

（原载《中央日报》昆明版 1940 年 5 月 7 日）

君子与伪君子

观察中国整个的历史，可能的线索甚多，每个线索都可贯串古今，一直牵引到目前抗战建国中的中国。“君子”一词来源甚古，我们现可再用它为一个探讨的起发点。

“君子”是封建制度下的名词。封建时代，人民有贵贱之分，贵者称“士”，贱者称“庶”。“君子”是士族阶级普通的尊称；有时两词连用，称“士君子”。士在当时处在政治社会领导的地位，行政与战争都是士的义务，也可说是士的权利。并且一般讲来，凡是君子都是文武兼顾的。行政与战争并非两种人的分工，而是一种人的合作。

殷周封建最盛时期当然如此，春秋时封建虽已衰败，此种情形仍然维持。六艺中，礼、乐、书、数是文的教育，射、御是武的教育，到春秋时仍是所有君子必受的训练。由《左传》、《国语》中，可知当时的政治人物没有一个不上阵的。国君也往往亲自出战，晋惠公竟至因而被虏。国君的子侄兄弟也都习武。晋悼公的幼弟杨干最多不过十五岁就入伍；因为年纪太轻，以致扰乱行伍而被罚。连天子之尊也亲自出征，甚至在阵上受伤。如周桓王亲率诸侯伐郑，当场中箭。当兵绝非如后世所谓下贱事，而是社会上层阶级的荣誉职务。平民只有少数得有入伍的机会，对于庶人的大多数，当兵是一个求之不得的无上权利。

在这种风气之下，所有的人，尤其是君子，都锻炼出一种刚毅不屈、慷慨悲壮、光明磊落的人格。“士可杀而不可辱”，在当时并非寒酸文人的一句口头禅，而是严重的事实。原繁受郑厉公的责备，立即自杀。晋惠公责里克，里克亦自杀。若自认有罪，虽君上宽不责，亦必自罚或自戮。鬻拳强谏楚王，楚王不从；以兵谏，楚王惧而听从。事成之后，鬻拳自刖，以为威胁君上之罪罚。接受了一种使命之后，若因任何原因不能复命，必自杀以明志。晋灵公使力士鉏麑去刺赵盾，至赵盾府后，发现赵盾是国家的栋梁，不当刺死，但顾到国家的利益，就不免违背君命；从君命，又不免损害国家。所以这位力士就在门前触槐而死。以上不过略举一二显例，类此的事甚多，乃是当时一般风气的自然表现。并且这些慷慨的君子，绝不是纯粹粗暴的武力。他们不只在行政上能有建树，并且都能赋诗，都明礼仪，都善辞令，不只为文武兼备的全才。一直到春秋末期，后世文人始祖的孔子，教弟子仍用六艺，孔子自己也是能御能射的人，与后世的酸儒绝非同类的人物。

到战国时，风气一变。经过春秋战国之际的一度大乱之后，文化的面目整个改观。士族阶级已被推翻，文武兼备的人格理想也随着消灭。社会再度稳定之后，人格的理想已分裂为二，文武的对立由此开始。文人称游说之士，武人称游侠之士。前者像张仪以及所有的先秦诸子，大半都是凭着三寸不烂之舌，用读书所习的一些理论去游说人君。运气好，可谋得卿相的地位；运气坏，可以招受奇辱。张仪未得志时，曾遭楚相打过一顿，诬他为小偷。但张仪绝不肯因此自杀，并且还向妻子夸口：只要舌头未被割掉，终有出头露面的一天。反之，聂政、荆轲一类的人物就专习武技，谁出善价就为谁尽力，甚至卖命。至于政治主张或礼仪文教，对这些人根本谈不到。所以此时活动于政治社会上的人物，一半流于文弱无耻，一半流于粗暴无状。两者各有流弊，都是文化不健全的象征。

到汉代，游侠之士被政府取缔禁止。后世这种人在社会上没有公认的地位，但民间仍然崇拜他们，梁山泊好汉的《水浒传》就是民间这种心理的产品。

汉以后所谓士君子或士大夫完全属于战国时代游说之士的系统。汉武帝尊崇儒术，文士由此取得固定不变的地位。纯文之士，无论如何诚恳，都不免流于文弱、寒酸与虚伪；心术不正的分子，更无论矣。唯一春秋以上所遗留的武德痕迹，就是一种临难不苟与临危授命的精神。但有这种精神的人太少，不能造出一个遍及社会的风气。因为只受纯文教育的人很难发挥一个刚毅的精神，除非此人有特别优越的天然禀赋。可惜这种禀赋，在任何时代，也是不可多得的。

至于多数的士君子，有意无意中都变成伪君子。他们都是手无缚鸡之力的白面书生。身体与人格虽非一件事，但一般的讲来，物质的血气不足的人，精神的血气也不易发达。遇到危难，他们即或不畏缩失节，也只能顾影自怜的悲痛叹息，此外一筹莫展。至于平日生活的方式，细想起来，也很令人肉麻。据《荀子》记载，战国时代许多儒家的生活形态已是寒酸不堪。后世日趋愈下。汉代的董仲舒三年不涉足自己宅后的花园，由此被人称赞。一代典型之士的韩愈，据他的自供，“年未四十，而视茫茫，而发苍苍，而齿牙动摇”。这位少年老成者日常生活的拘谨迂腐，可想而知。宋明理学兴起，少数才士或有发挥。多数士大夫不过又多了一个虚伪生活的护符而已。清初某理学先生，行步必然又方又正，一天路上遇雨，忽然忘其所以，放步奔避。数步之后，恍然悟到行动有失，又回到开始奔跑的地方，重新大摇大摆地再走一遍。这个人，还算是诚恳的。另外，同时又有一位理学先生，也是同样地避雨急走，被旁人看见指摘之后，立刻掏腰包贿赂那人不要向外宣传！这虽都是极端的例子，却很足以表现一般士君子社会的虚伪风气。这一切的虚伪，虽可由种种方面解释，但与武德完全脱离关系的训练是要负最大的责任的。纯文之士，既无自卫的能力也难有悲壮的精神，不知不觉中只知使用心计，因而自然生出一种虚伪与阴险的空气。

我们不要以为这种情形现在已成过去，今日的知识阶级，虽受的是西洋传来的新式教育，但也只限于西洋的文教，西洋的尚武精神并未学得。此次抗战这种情形暴露无遗。一般人民，虽因二千年来的募兵制度，一向是顺民，但经过日本侵略的刺激之后，多数都能挺身抵抗，成为英勇的斗士。正式士兵的勇往直前，更是平民未曾腐化的明证。至于知识阶级，仍照旧是伪君子。少数的例外当然是有的，但一般的知识分子，在后方略受威胁时，能不增加社会秩序的混乱，已是很难得了。新君子也与旧君子同样的没有临难不苟的气魄。后方的情形一旦略为和缓，大家就又从事鸡虫之争；一个炸弹就又惊得都作鸟兽散。这是如何可耻的行径！但严格讲来，这并不是个人的错误，而是根本训练的不妥。未来的中国非恢复春秋以上文武兼备的理想不可。

征兵的必要，已为大家所公认，现在只有办理方法的问题。目前的情形，征兵偏重未受教育或只受低级教育的人，而对知识较高的人几乎一致免役。这在今日受高深教育的人太少的情况之下，虽或勉强有情可原，但这绝非长久的办法。将来知识分子不只不当免役，并且是绝对不可免役的。民众的力量无论如何伟大，社会文化的风气却大半是少数领导分子所造成的。中国文化若要健全，征兵则当然势在必行，但伪君子阶级也必须消灭。凡在社会占有地位的人，必须都是文武兼备，名副其实的真君子。非等此点达到，传统社会的虚伪污浊不能洗清。

（原载昆明《今日评论》1939年1卷4期，1939年1月22日）

学者与仕途

最近行政院院长翁文灏先生在首都对十科学团体联合年会演讲时说："科学家宁可饿死，也不能去做别的事！"翁先生以学者而做官已到首揆之尊，竟说出这样的话，其惹人注意是很自然的，话中含有无限的感慨与隐痛也是显然的。但我们不愿对个人多所揣测，我们只愿趁此机会谈一谈翁氏所提出的一个根本问题，就是学者入仕的问题。

学而优则仕，甚至学尚未优也要勉强去向仕途钻营，在过去的中国本是常事，也是大家所认为当然的事。这在过去，确也有它不得不如此的道理在。过去一个读书人，除了做官外，的确无事可做。今日一切的社会事业以及其他与政治无关的工作机会，在过去根本不存在，除做官外并无任何事业可言。固然，一个人既然读书明理，尽可关起门来修身养性，但这种过高的理想不能望之于一般的凡士。所以我们站在今日的立场而对过去整个的局面下断语尚无不可，若不顾其他而专指摘“学而优则仕”的现象，则为不负责任与忽略实情的苛论，不可为训。

近代的中国，尤其民国以来的中国，整个的政治社会局面都在发生剧烈的变化，我们的国家虽尚未达到十足现代化的境界，入仕虽然仍是读书人相当重要的一条途径，但我们确已超过非“学而优则仕”不可的阶段。今日一个人如果自信有此能力，又有此机会，同时又有此兴趣，即或是一个学有专长的科学家，仍不妨去做官。翁氏的话似乎是有所为而发，不可视为正常之理；如果把翁氏的话推到尽头，那就等于说把国家大事都给不学无术的人去管，对此恐怕翁氏绝不会首肯。但反过来讲，无此机会，尤其不敢十足自信有此能力的人，大可不必发展此种兴趣，不必转弯抹角的去求官做。今日的时代已非学而优则仕的时代，但过去养成的学而优则仕的心理仍然深入人心，稍有机会即由学场跳入官场的现象未免太多，没有机会而千方百计去钻营的现象尤其令人发生无穷的感慨。翁氏的话，除了可能的个人隐痛外，大概也就是有见于此而发的感慨。默察今日求仕的士群，我们可以发现三种不同的类型。第一种是走直路的，干脆的奔走请托。这些人尚不失为老实人，最值得人同情。第二种是走曲线的，由骂入手，希望骂得对方不能忍受时而一纸官诰送上门来。第三种是直路曲线一齐走的人：光走直路，企望甚高，一旦任命发表而嫌官阶太低时，马上一变而为清高的论客，愤激的名士，前进的导师。此种人远较第二种人高明，第二种人心里明白，知道自己是在走曲线，此种曲直并进的人却很善于自欺，沉重的怨气往往能使他们相信自己真是富于正义感的忧时之士，自己对自己也不承认所“忧”的只是官阶的高低。第一种人可令人同情，第二种人尚可令人原谅，只有第三种人既不能引起同情，也更不能叫人原谅。追根究底，这还是“学而优则仕”的传统观念在作祟，所以在根本道理上我们虽不能完全接受翁院长的说法，但为矫正目前种种可憾的表现，我们仍愿承认翁氏的话是值得有政治兴趣的学人反复咀嚼的。

（原载《周论》二卷十五期，1948 年 10 月 22 日）

出路问题

——过去与现在

在纯农业社会的传统中国，所谓太平盛世，都是人口比较少，生活比较容易维持的时代。并且在这种所谓太平盛世，不仅整个的人口少，人口中的人才也少。按中国的惯习，人才唯一的出路就是做官。在人才少的治世，每个人都可得到安插；少数不能安插的人在家做乡绅，在生活普遍安定之下，也可不致感到太无聊赖，况且随时尚有一官半职的希望。但太平日久之后，随着人口的增加，读书人也增加，有出身的人也增加。想做官的人也增加，求官而不得的人也当然增加。

至此人口的密度也总是已经高到一般人求温饱而不可得的时候，所以人口压力最大时也就是读书人中失意分子日愈加多的时候。秀才造反，诚然是三年不成，但秀才若与别人联合起来造反，其力之大却不可轻视。历代的乱事，发起的虽非读书人，但事后谋划而使乱事扩大的都是读书人。民国初期的军阀内战，每次都有读书人从中挑拨，这是人所尽知的一个近例，其他较远或更近的例可以毋需列举。人才没有出路，在过去必定造成大乱。历史中若有教训可循，这是再清楚不过的一个教训。

今日的中国如何？人才是否过剩？由近代国家的标准讲，我们的人才显而易见的仍然贫乏的可怜。但所可惜的就是我们至今仍未成为一个近代化的国家，由中国现有的条件讲，我们社会中求官或求其他职位而不得的人，实在是太多了。在一个近代化的国家，做官，做公务人员，只是读书人许多出路中的一种，做官以外的出路还多得很。但在中国，做公务人员仍是一般读书人最宽最大的一条途径。若有其他的途径，都是又狭又小，能容的人极为有限。就根本上讲，政治社会的近代化是唯一的解决办法。至于目前的救急办法，讲起来似乎很不中听，其实这是无从逃避的结论：就是各公务机关对于各项人才应当尽量的予以吸收。讲裁员，讲减政，这是任何人都可讲出一大套无懈可击的道理来的。但这些大道理无补于实际，只有增加社会的不安。半年前政府曾有裁员之议，当时本刊即曾指明其必不可作（见第三期社论），幸而试行后逢到困难，政府未曾严格的执行裁员的计划。各级政府一方面维持一个相当庞大的教育体系，每年送出大批的毕业生，另一方面对于这些毕业生又不设法积极的予以安插，这岂不是最不可解的一种矛盾现象？与其如此，何不少办学校，少收学生？人才既已造成，就不能再听其自生自灭；听其自然，必定招致大祸。每年暑期，必有大批的青年出离校门，奔走前程。盼望政府各机关，社会各部门，都能给予他们最大限度的同情的考虑。这是助人，也正是自助；这是为个人，也正是为国家。

（原载《周论》一卷二十四期，1948 年 6 月 25 日）

此次抗战在历史上的地位

此次抗战不只在中国历史上是空前的大事，甚至在整个人类历史上也是绝无仅有的奇迹。我们若把中国与其他古老文化比较一下，就可得到惊人的发现。埃及文化由生到死，不过三千年。公元前三百年左右被希腊征服，渐渐希腊化。后来又被回教徒征服，就又阿拉伯化。今日世界上已没有埃及人，埃及文字，或埃及文化；今日所谓埃及的一切，都是阿拉伯的一部分。巴比伦文化的寿命与埃及相同，也同时被希腊征服，后来又阿拉伯化。希腊、罗马文化寿命更短，由生到死不过二千年；今日的希腊不是古代的希腊，今日的意大利更不是古代的罗马。至于中国，由夏、商之际到今日，将近四千年，仍然健在。

并且其他古族在将亡时，都颓靡不振，不只没有真正抵抗外患的力量，甚至连生存的意志也大半失去。它们内部实际先已死亡，外力不过是来拾取行尸走肉而已。至于我们此次抗战的英勇，是友邦军事观察家所同声赞许的，连敌人方面的军事首领有时也情不自已地称赞一声。我们虽然古老，但我们最好的军队可与古今任何正在盛期的民族军队相比，这是值得大书特书的。我们有一部分的军队或者不能尽如人意，但略为研究军事历史的人都知道任何时代、任何民族的军队也有因暂受挫折而纪律松弛的现象，也都有因缺乏经验而战力不佳的现象。并且我们不要忘记今日中国的军队不是征兵，而是募兵。征兵虽也有缺点，但只有征兵才是长久可靠的军队。我们只有募兵，而其效能已几乎与征兵相等，这又是人类历史上稀有的奇事。半年以来，我们大部的军队可以告无罪于国家民族；倒是后方的人，尤其是太平时代说话最响亮的人，当下一番忏悔的功夫。我们的前方，大致尚可与欧战时列强的前方相比；我们后方有责任、有职守者的慌张飞逃，却与欧战时各国后方的镇静安详成反比例。这只足证明，连许多平日自诩甚高的人也没有达到征兵的程度，也就是说，还没有国民的资格。谈到此点，我们对前方将士的英勇更当感愧；若再埋怨他们不肯出力，使得我们不得不于敌人仍在数百里以至千里之外的时候三番两次的飞寻乐土，那就未免太无自知之明了。说得干脆一点，若看后方的情景，我们只配有纪律不佳与战力缺乏的军队！

中国文化的寿命为何如此之长？今日因何能有如此英勇的抗战？中国至今存在，因为中国曾经返老还童，而别的文化一番衰老后就死去。每个文化发展的步骤，都是先由分裂的部落或封建的小国开始。后来小国合并为大国，列国竞争，国际的局面日愈紧张，国际的战争日愈激烈。最后一国出来吞并列国、统一天下，成了笼罩整个文化区的大帝国。帝国是文化的末期，此后只有衰弱再分裂，以至于灭亡。别的民族至此都不能再维持。只有中国，于秦汉统一大帝国之后，虽也经过三国六朝的短期削弱，但后来却又复兴。复兴之后，政治制度虽不再有多少更革，文化潮流却代有进展。这是其他民族的历史上所绝无的现象。我们可称南北朝以下为中国文化的第二周，与第一周的文化潮流列表比较如下，就可一目了然：

时代＼周	宗教时代	哲学时代	哲学派别化的时代	哲学消灭与学术化的时代	文化破裂时代
第一周	殷商、西周（公元前1300至前771年）殷墟宗教、周代宗教	春秋时代（公元前770至前473年）邓析、楚狂接舆、孔子	战国时代（公元前473至前221年）六家	秦汉与东汉中兴（公元前221至公元88年）经学训诂	东汉末至淝水之战（公元89至383年）思想学术并衰，佛教之输入

续表

时代 周	宗教时代	哲学时代	哲学派别化的时代	哲学消灭与学术化的时代	文化破裂时代
第二周	南北朝隋唐，五代（公元383至960年） 佛教之大盛	宋代（公元960至1279年） 五子、陆象山	元明（公元1279至1528年） 程朱派、陆王派	晚明盛清（公元1528至1839年） 汉学考证	清末以下（公元1839年以下） 思想学术并衰，西洋文化东渐

我们由上表可知中国文化前后有过两周，其他文化都只有第一周，绝无第二周，都是一衰而不能复振。这一点是我们大可自豪于天地间的。我们不只寿命长，并且没有虚度我们的光阴，各代都能翻点新的花样。

中国文化为何能有第二周？这个问题与上面尚未解答的今日为何能如此英勇抗战的问题，可以一并回答。中国文化的第二周可说是南方发展史。古代的中国限于中原，长江流域乃是边地，珠江流域根本与中国无关。秦汉时代奠定了三大流域的中国，但黄河流域仍为政治文化的重心。五胡乱华以后，南方逐渐开拓。此后每经一次外患，就有大批的中原人士南迁。五胡乱华，五代之乱，与宋室南渡时南迁的人数尤多。并且一般的讲来，南迁的人是民族中比较优秀的分子，因为他们大多都是不肯受外族统治而情愿冒险跋涉的人。并且沿路的困苦危险远非火车轮船汽车飞机的今日可比。因而冒险南下的人中，又有一批被淘汰。到了环境迥异的南方之后，在卫生知识与卫生设备两缺的前代，因不能适应而死去的人，恐又不少。最后得机会开发南方的可说是优秀分子中选择出来的优秀分子。所以二千年来，虽因外患来自北方而统一的首都始终设在中原，然而南方经济与文化的地位一代比一代重要，人口一代比一代繁殖，到最后都远超中原之上。此点可由种种方面证明，但由行政区域的划分可最清楚、最简单地看出南北消长的痕迹，因为行政区域的划分大致是以人口与富力为标准的。春秋战国时代，除楚国与倏起倏灭的吴、越二国之外，所有的列国都在北方，可以不论。汉武帝分天下为十三部，北方占其八：司隶、豫州、冀州、兖州、青州、幽州、并州、凉州；南方占其五：徐州、荆州、扬州、益州、交州。此时北仍重于南，是没有问题的。唐太宗分天下为十道，南北各占五道。北为陇右、关内、河东、河北、河南；南为淮南、山南、剑南、江南、岭南。经过晋室南渡与南北朝二三百年的对峙之后，南方已发展到与北方平衡的地步。北宋分天下为十五路，北方五路：京东、京西、河北、河东、陕西；南方十路：淮南、江南、荆湖南、荆湖北、两浙、福建、西川、峡西、广南东、广南西。此时虽然北方失燕云于辽，失河西于夏，然而南北的悬殊仍甚可异，可见此时北方已较南方落后，唐末与五代的大乱必与此有关。再经过宋室南迁与一度偏安之后，到明代虽然燕云与河西都已收复，然而二直隶十三布政司中，北方仍只占其五：京师、山东、山西、陕西、河南；南方占其十：南京、浙江、福建、江西、湖广、四川、广东、广西、贵州、云南。清朝十八省，北占其六：直隶、山东、山西、河南、陕西、甘肃；南占十二：江苏、浙江、安徽、福建、江西、湖北、湖南、广东、广西、四川、贵州、云南。到明清时代，很显然的，中原已成南方的附庸了。富力的增加，文化的提高，人口的繁衍，当然都与此有关。这种发展是我们第二周文化的最大事业。在别的民族已到了老死的时期，我们反倒开拓出这样一个伟大的新天地，这在人类历史上是无可比拟的例外。

此次抗战，虽然是全国参加，但因人力物力的关系，抗战的重心在南方，也是无可讳言的。这可说是我们休养生息了两千年的元气，至此拿出与亘古未有的外患相抗。因为以往外患都在北方，又因军队都是募兵，所以兵士大半都是由政府就地招编，当然以北人居多。历代对外失败，可说都限于北方，失败后就又有一批人士南迁。民族元气大宝藏的南方力量，此前向无机会施展。偏安与割据的时代，南方当然有自己的军队，但都无足轻重。蒙古入主中国，编南人为新附军，也无重要地位。南方人士编成有用的大军，是清朝的事。嘉庆初年川楚教匪之乱，官兵无用，平乱大半依靠乡勇。这是南兵第一次大显身手的例证。后来的太平天国与湘军，可说是两个对峙的南方大军。时至今日，中国军队的主力，不仅要从北方挑选，尤其要从南方编练，已是显而易见的事。军队素质的高低，不专靠体力与训练。每个士兵的智力，神经反应的迟速，随机应变的能力，以及其他种种的天然禀赋，都有关系。尤其在近代的复杂战术之下，因为二千年来民族元气的南偏，南方的劲旅多于北方，也是当然的事。中国虽然古老，元气并未消耗，大部国民的智力与魄力仍可与正在盛期的欧美相比，仍有练成近代化的劲旅的可能。二千年来养成的元气，今日全部拿出，作为民族文化保卫战的力量。此次抗战的英勇，大半在此。

最后还有一点，或者值得论及。按上面列表，我们第二周的文化今日已到末期。第一周的末期，前后约三百年。第二周的末期，由始至今方有百年；若无意外的变化，收束第二周与推进第三周恐怕还得需要一二百年的功夫。但日本的猛烈进攻使得我们不得不把八字正步改为百码赛跑。第二周的结束与第三周的开幕，全都在此一战。第一周之末，有淝水之战（公元383年）。那一战中国若失败，恐怕后来就没有第二周的中国文化，因为当时汉人在南方还没有立下根深蒂固的基础。淝水一战之后，中国文化就争得了一个在新地慢慢休养以备异日脱颖而出的机会。此次抗战是我们第二周末的淝水战争，甚至可说比淝水战争尤为严重。成败利钝，长久未来的远大前途，都系于此次大战的结果。第二周文化已是人类史上空前的奇迹；但愿前方后方各忠职责，打破自己的非常纪录，使第三周文化的伟业得以实现！

建国——在望的第三周文化

只看目前，我们是在抗战中建国。但若把眼光放得远大些，我们今日显然地是正在结束第二周的传统文化，建设第三周的崭新文化。从任何方面看，旧的文化已没有继续维持的可能，新的文化有必须建设的趋势，此次抗战不过加速这种迟早必定实现的过程而已。我们近来时常称今日为“大时代”，真正的意义就在此点。

此次抗战，有如塞翁失马，在表面损失的背后，隐藏着莫大的好处。自抗战开始之后，著者对它的最后意义，时常拟题自问，自供的答案也日愈清楚。假定开战三两月后，列强就出来武力调停，勉强日本由中国领土完全退出。那与目前这种沿江沿海与各大都市以及重要交通线全因战败而丧失的局面，孰优孰劣？答案是：战败失地远胜于调停成功。假定开战不久，列强中一国或两国因同情或利益的关系而出来参战，协助中国于短期内战败日本。那与目前这种沿江沿海与各大都市以及重要交通线全因战败而丧失的局面，孰优孰劣？答案是：战败失地远胜于借外力而成功。假定战争初开或开战不久，日本又发生一次大地震，较 1923 年那一次尤为严重，都市全部破坏，轻重工业整个销毁，全国公私一并破产，元气丧失到不可恢复的程度，因而被迫不得不无条件地向中国求和。那与目前这种沿江沿海与各大都市以及重要交通线全因战败而丧失的局面，孰优孰劣？答案是：战败失地远胜于因敌遭天灾而成功。假定我们有一位科学天才，发明一种非常的利器，能使我们于一两个月之内将日本的实力全部歼灭。那与目前这种沿江沿海与各大都市以及重要交通线全因战败而丧失的局面，孰优孰劣？答案是：战败失地远胜于靠特殊利器而胜利。假定日本因国内与国际的种种顾忌而不敢发动此次的侵略战争，容许我们再有十年的准备，以致我们与敌人势均力敌，能用外交的压力或战场上短期的正面决战强迫它退出中国。那与目前这种沿江沿海与各大都市以及重要交通线全因战败而丧失的局面，孰优孰劣？这个拟题的诱惑力，诚然太大；与上面的几个假设相比，的确是一个深值考虑的出路。但我们仍不妨狠心而大胆地回答：把眼光放远放大些，战败失地还是胜于外交压迫或短期决战的胜利。

我们为何无情的摒弃一切可能的成功捷径，而宁可忍受目前这种无上的损失与痛苦？理由其实很简单：为此后千万年的民族幸福计，我们此次抗战的成功断乎不可依靠任何的侥幸因素。日本速战速决的胜利是不可能的；中国速战速胜的战果是不应该的。即或可能，我们的胜利也不当太简易地得来。若要健全地推行建国运动，我们整个的民族必须经过一番悲壮惨烈的磨炼。二千年来，中华民族所种的病根太深，非忍受一次彻底澄清的刀兵水火的洗礼，万难洗净过去的一切肮脏污浊，万难创造民族的新生。

“新生”一词含义甚广，但一个最重要的意义就是“武德”。非有目前这种整个民族生死关头的严重局面，不能使一般顺民与文人学士从心坎中了解征兵的必要。好在我们沦陷的区域甚广，敌人的疯狂残暴逼得向来自扫门前雪的老百姓不得不挺身自卫，不得不变成为个人，为家庭，为国家民族拼命的斗士。同时，为应付势所必然的长期战争，未沦陷的后方又不得不加紧推行战前已经开端而未完成的国民兵役制度。所以全国之内可说都在向普遍征兵的方向迈进。此中虽然因二千年来的积习太深，不免有许多障碍与困难，但经过此番波动，自卫卫国的观念必可渗入每个国民的意识中，将来彻底实行征兵，可无很大的困难。

旧中国传统的污浊，因循、苟且、侥幸、欺诈、阴险、小器、不彻底，以及一切类似的特征，都是纯粹文德的劣根性。一个民族或个人，既是软弱无能以致无力自卫，当然不会有直爽痛快的性格。因为直爽痛快不免与人发生摩擦，摩擦太多就不免动武。但由弱者的眼光看来，动武是非常可怕的事，所以只有专门使用心计了。处世为人，小则畏事，大则畏死。平日只知用鬼鬼祟祟的手段去谋私利，紧急关头则以

“明哲保身”的一句漂亮话去掩饰自己的怯弱。这种人格如何的可耻！这种人所创出的社会风气如何的可鄙！上面所列的一切恶德，都是由这种使用心计与明哲保身的哲学而来。此次抗战有涤尽一切恶劣文德的功用。我们若求速胜，岂不又是中了旧日文人侥幸心理的恶毒？

但我们绝不是提倡偏重武德的文化，我们绝不要学习日本。文德的虚伪与卑鄙，当然不好；但纯粹武德的暴躁与残忍，恐怕比文德尤坏。我们的理想是恢复战国以上文武并重的文化。每个国民，尤其是处在社会领导地位的人，必须文武兼备。非如此，不能有光明磊落的人格；非如此，社会不能有光明磊落的风气；非如此，不能创造光明磊落的文化。此点若不能达到，将来我们若仍像以往二千年一样去度纯文德的卑鄙生活，还不如就此亡国灭种，反倒痛快！

初级教育与军事训练都当成为每个国民必有的义务与权利。义教是文化的起点，军训是武化的起点。两者都是基本的国民训练。这个目标达到之后，整个中国的面目就要改观。当然在面积广大、边防极长的中国，恐怕非有一个常备军甚至职业军不可，但这只能作为征兵的附庸，必须由征兵训练中产生。所有的兵必须直接出自民间，兵与民必须一体，二千年来兵民对立的现象必须彻底打破。由此次抗战的英勇，我们可知中华民族虽然很老，但并不衰，仍是第一等的兵士材料。这是征兵制能够成功的绝对保障，也是新文化必定实现的无上把握。

*　　*　　*　　*　　*

兵的问题，牵动整个的社会；兵制与家族制度又是不能分开的。中国历来讲“忠孝”，认为忠与孝有密切的关系：在家孝，在国必忠。但这大半是理论。实际上，为家庭的利益而牺牲国家社会的利益，在以往几乎成了公认的美德。二千年来无兵的文化，全都由此而来。所以旧日夺人志气的大家族，必须废除。反之，近世欧美的小家庭也不是绝对无疵的办法，因为小家庭无形中容易培养成一个极端个人主义的风气，发展到极点，就必演成民族自杀的行动——节制生育。这恐怕是许多古代文化消灭的主要原因，这也是今日西洋文化的最大危机。中国于战国、秦、汉间也曾一度遇到这个难关，所幸太古传下的家族观念始终没有完全消灭，汉代的人口政策大体成功，所以此种恶风未能普遍地流行，民族的生机未被不可挽回地斩断。我们今日能如此英勇地抗战，就是受此种强度的家族观念之赐。否则我们的民族与文化恐怕也早已与埃及、巴比伦或希腊、罗马同样的完全成为博物馆中的标本，欲求今日流离颠沛的抗战生活，亦不可得矣！这个问题，比兵的问题尤其难以应付。兵的问题是一个可以捉摸的问题，可以用法令解决。家庭生活虽有利益的关系，但情感的成分甚大，不是法令所能随意支配的。舆论的倡导，学人的意见，社会领导者的榜样，是解决这个问题的必要力量。我们虽不必仍像从前以无限制的多子多孙为理想，但像西洋上等社会流行的独身与婚而不育的风气，却必须当作洪水猛兽去防御。所幸此种现象，在中国尚未成为固执的风气。现在的中心问题是大小家庭的问题，不是节制生育的问题。大家族与小家庭的调和，虽不免困难，但并不是绝对不可能的。近年来，中国实际正在向这方面进行。现在的趋势，是在大家族的观念与形式仍然保留之下，每个成年人都去过他独立的生活。旧日老人专权的家族制，当然不能再维持，因为那是使社会停顿与国家衰弱的势力。但西洋的个人完全与父母兄弟隔绝的办法，也万不可仿效；因为无论短期间的效果如何，那到最后是使社会国家破裂与民族生命毁灭的势力。中国自古以来善讲中庸之道。中庸之道，无论在其他方面是否仍当维持，在家族制度方面却无疑的是绝对需要继续采用的。我们若要度健全的生活，若要使民族的生命能万古不绝，一个平衡的家族制度是一个必不可缺的条件。这个问题非三言两语所能说尽，最后的解决仍有待于来日与来人。

*　　*　　*　　*　　*

建国运动，创造新生，问题何只万千？但兵可说是民族文化基本精神的问题，家族可说是社会的基本问题，元首可说是政治的基本问题。三个问题若都能圆满的解决，建国运动就必可成功，第三周文化就必可实现。但我们万不可认为这是轻而易举的工作。此次的复兴建国，是人类史上的空前盛事，因为从古至今向来没有一个整个文化区组成一个真正统一的国家的现象。罗马帝国或秦汉以下的中国皆为大而无当的庞大社会，绝非春秋战国或近世欧美的许多真正统一的一类国家。所以我们是在进行一件旷古未有的事业，绝无任何类似的前例可援，其困难可想而知。抗战开始以前，著者对于第三周只认为有实现的可能，而不敢有成功的希望。抗战到今日，著者不只有成功的希望，并且有必成的自信。以一年半以来的战局而论，中华民族的潜力实在惊人，最后决战的胜利确有很大的把握。我们即或承认最坏的可能，最后决战我们仍然失败；但此次抗战所发挥的民族力量与民族精神仍是我们终久要创造新生的无上保障。

我们生为今日的中国人，当然是不免痛苦的，但也可说是非常荣幸的。今日是中国文化第二周与第三周的中间时代。新旧交替，时代当然混乱；外患乘机侵来，当然更增加我们的痛苦。但处在太平盛世，消极地去度坐享其成的生活，岂不是一种太无价值、太无趣味的权利？反之，生逢二千年来所未有的乱世，身经四千年来所仅见的外患，担起拨乱反正、抗敌复国、变旧创新的重任——那是何等难得的机会！何等伟大的权利！何等光荣的使命！无论何人，若因意志薄弱或毅力不坚，逃避自己分内的责任，把这个机会平白错过，把这个权利自动放弃，把这个使命轻易抹煞，岂不是枉生人世一场！

五四献言

民国八年五月四日，北京大学及其他首都各校的学生三千余人所举行的游行示威，就动机与结果言，有双重的意义：一为爱国运动，一为新文化运动。时间虽已过了二十九年，我们今日纪念五四，不仅是例行故事的纪念，就那双重的关系讲，五四仍有活的意义，仍大有纪念的价值。

爱国运动的五四，是由外交的刺激所引起。在第一次大战期间，日本乘着国际的空隙，向中国提出二十一条，并强迫自顾不暇的协约国承认它得以继承德国在山东的一切权利。在战事结束后的巴黎和会中，中国虽以战胜国之一的资格出席，但发现强国之间的秘密协定是支配国际的最大力量，战胜战败的关系反居次要，我们的代表虽然力争，仍不能改变山东问题的强权政治条款。当时普遍全国的忧郁愤慨之情，我们这有过类似经验的第二次大战后的一代国人，应当不难想象与了解。但空的忧愤无济于事，代表全国把忧愤之情发泄为有效的行动的，是当时政治中心兼文化中心所在地的青年学子。他们本于爱国的纯诚，无需任何人鼓励或领导，完全自动的聚有三千人之众，到总统府请愿，并到英美法意各公使馆，表示国民的真正意见。首都的学生登高一呼，全国各界群起响应，上海学界首先继北京后而罢课，全埠的商界并联合罢市，无组织与无从用行动表示态度的一般人民，也无不对学生完全同情。宣传的技术，当时尚未发达；谣言的制造，也尚未成为群众运动的工具。学生所得的普遍同情，是完全自发的。也正因如此，所以效力特别大，到六月十一日，政府只得顺从舆情，罢免亲日的曹章陆三人，巴黎和会的中国代表，在国民的督促与援助之下，也得以拒绝在和约上签字。这是国民外交成功的显著例证；无论今日或千秋之下，只要是一个中国人，必都承认这是学生运动的一大功绩。

专就爱国的意义言，五四运动已是不朽。但以五四为机缘，引起对于旧思想旧传统的重新估价，对于新思想新潮流的热烈介绍，这就是所谓新文化运动。少数人虽然在言语上或行动上不免走极端，但运动的主流是正当的与健全的，在蔡孑民，胡适之，及其他各位大师的领导之下，智识青年用最开明的态度研究一切，批评一切，考量一切，希望对一切都能得到合理的与应合时代的新标准与新结论。当时对于一切学术文化问题都运用科学精神，也就是不顾一切的求真精神。在全部中国历史上，能以大无畏的精神求真的，除了先秦诸子外，恐怕只有五四时期的少数有名学人与一群无名学子，及今思之，仍令人不胜其向往之情。来中国讲学的英国哲学家罗素，在以友人的态度对中国作种种的逆耳批评之后，曾毫无保留的承认，当时中国学术界的自由探讨精神，虽在以自由自豪的欧美各国也不多见。这在当时的确并非过誉，摈弃一切成见而唯真理是求的态度，的确普遍于整个的学术界。中国之能有今日，一部要靠新文化运动。对于今日的文化现状，我们无人满意，但我们开始追随世界潮流，还是来自五四以后一批学人的勇于介绍与勤于研讨。我们今日仍然落伍，但已知道落伍之处何在；在五四之前我们只是感觉自己落伍，而不知究竟如何的落伍。这种民族的与文化的自知之明，是五四运动的另一大的功绩。

今日追忆既往，纪念五四，同时也当展望未来，发扬光大五四的精神与五四的事业。爱国运动是弱国的现象，强国无需公开的表示爱国，爱国就包含在国民的日常工作中。二十九年后的中国，仍是弱国；第二次大战后的中国，在许多方面也颇似第一次大战后的中国，仍在秘密协定，阴谋破坏，与花样不断翻新的强权政治之下委曲求全。时代不同，爱国表现的方式或也无需尽同，但凡属国民，今日必有民国八年五月四日青年学子的心情，方能无愧于衷。讲到文化运动，五四时期的热烈情绪当然没有永久保持的可能，但我们都当承认，文化运动尚未结束，文化运动的使命尚未完成，我们今日仍需珍视自由探讨的精神，虚心学习。五四之后，是我们彻底近代化运动的开端，今日全国公认的建国需要，就是学理的新文化运动的具体化的表现。文化的巨流，曲折甚多，外相时变，但内里的线索是恒久的。我们纪念五四，须认清它的恒久部分，各尽所能，完成五四一代留给我们的重大使命。

（原载《周论》一卷十七期，1948 年 5 月 7 日）

近代化中的脑与心

近百年来我们谈维新，谈变法，谈西化，谈新文化，谈科学救国等等，有意无意间可说都是一种使中国成为一个近代的国家的企图，对于近代化的方案，容或还有许多不同的看法，但对近代化的目标，今日已无人否认。然而我们一向对于近代化中人的因素，似乎只是偏重脑，而忽略心；偏重近代文化的认识，忽略近代人格的造就。传统的心理学，认为人格有三方面：思想、感情、意志。由常识的立场来看，还仍不失为一种便利的人格分析法。思想虽然重要，但一个人格的特殊点，往往在乎情感与意志。受了外物的刺激，情感被冲动，因而发动意志，表现为行为。在这全部的过程中，思想不过是情感与意志的工具而已。

我们判断一个人，说他好或坏，善或恶，和气或粗暴，慷慨或吝啬等等，这都是关于情感与意志的评判，与思想并不相涉。我们即或说一个人头脑不清，实际也不专指他的思想混乱而言，乃是说他对于情感的冲动与意志的运用不能善自驾驭，因而行为失常。并且按最时髦的心理学的说法，认为我们的思想大半只是情感与意志的辩护者，我们做一件事，往往只是高兴如此，并没有充足的理由，所举的一切理由都是意志决定之后，甚至事成之后，自圆其说的辩解而已。可见无论按传统的说法，或按最新的学说，人格的要点都不在思想，而在情感与意志。要中国近代化必须中国人近代化，空由西洋各国搬运许多制度名物的架格，绝不足以谈近代化。例如近些年来，谈民主或立宪的人很多，许多专家能把欧美各国一切的民主理论，宪法发展，政党组织，立法程序，说得清清楚楚，如数家珍。但他们一旦从政，把这一切很快的就忘得干干净净，举止行动无意间又返回到中国传统政治的旧轨。他们即或不从政，在一般日常的生活与行为上，往往也不能发挥民主的或守法的精神，旧日士大夫的许多恶习大半仍不能去掉。此种矛盾的现象，原因何在？就是因为连多数所谓专家也只是脑中充满了一堆专门术语与抽象知识，他们的心，他们人格的最深处，情感与意志，并没有近代化。又如生活须有规律，精神应该振作，这是每个近代国民都当具备的习惯。这个道理大家都能明白，国中人少数得有机会到欧美去留学或服务的人，也都亲眼见过一个比较规律振作的社会，他们自己或者也会无形间度过几年规律振作的生活。但回国之后，这一切也渐都忘记，饮食起居并无定节，在职服务并不振作。职务机关的刻板工作应付过了之后，剩余的时间大多不能用于自修与晋修，上焉者平白虚度，下焉者则在戏院赌桌消耗了大好的光阴，把大有可为的才学弃置荒废，丝毫不知顾惜。虽了不是所有的人，一闲起来，就手足无措，但如此类型的人物绝非例外。原因也很简单：他们对于规律振作只有抽象的认识，但规律振作的精神一向并未渗入他们的人格深处。

又如自重与互信，是近代复杂社会的必需条件。人人自重，分内的事无需别人督催而自动去做，非分的事不去偷机妄作。同时大家都能互相信赖，相信别人都能自重，自己也当然自重。许多国人所崇拜的民主国家，此种精神特别发达，民主精神所以能浸入这些国家的政治社会的，也就是因为多数的国民都能自重互信。否则人人都投机取巧，相互猜忌，各人大半的精力都费在互相的防备与明争暗斗上，各种的努力都相互抵消，更有何近代化或民主可言？这个道理，我们何尝不明白？但明白自明白，却不能见诸实行。学校的团体较小，各分子的程度较齐，应当是发挥自重互信精神的最好环境。撇开一言难尽的中小学不论，专讲最高学府的大学，在有的学府中，考场往往是一个令人痛心的场所。一二十人的小班大致还无问题，百人左右或再大的班上，夹带与各种作弊的现象是时常发生的。一部分人既不能自重，互信的风气何从产生？比较单纯的学校中尚且如此，我们何能希望复杂的社会中能养起自重互信的精神？在真正近代化的国家中，考试作弊虽非绝无，但的确是例外的现象。考试时教师不监堂，是很平常的事；因为学生自重，师生间能够互信，同学间也能互信。美国某校有一名教授，双目失明，但他的班上多年之间向无考试作弊的事发生。这不只是自重的问题，并且也牵涉到侠义的问题，教授失明，是弱者，若在他的班上作弊，就是欺侮弱者，是不侠义的行为，是不自重的极端例证。所以连在其他健目教授的班上或可作弊的人，到这位盲师的班上也绝不肯作弊。一般学生的此种态度，与思想毫无关系，完全是情感与意志的根本问题。

类此的例，可以继续列举，多至无限。但举一反三，大家都可体会。从政的人，各种的专业人员，大学学生，都是政治社会的领导者或候补领导者，对于近代化的理论都有相当清楚的认识，但表现在具体的行为上的，仍多是传统的一切。这并不一定是可令人悲观的现象。文化的惰性，传统的磨砺，并非一朝一夕所能打破的。所谓近代精神的种种，中国在春秋战国列国并立互争的时代，大半都有。荀子在彊国篇讲到秦国的情形说："入其境，观其风俗，其百姓朴，其声乐不流污，其服不挑，甚畏有司而顺，古之民也。及都邑官府，其百吏肃然，莫不恭俭敦敬，忠信而不楛，古之吏也。入其国，观其士大夫，出于其门，入于公门，出于公门，入其家门，无有私事也；不比周，不朋党，倜然莫不明通而公也，古之士大夫也。观其朝廷，其闲听决百事不留，恬然如无治者，古之朝也。"我们若把上面这一串"古"字改读为"近代化"，仍照样的通顺！并且此种"近代化"的情形，不会是秦国所独有；列国莫不如此，最多也不过有一些程度上的分别。秦汉大一统以下，中国的社会日趋沉寂，政治日趋消极，战国以上"近代化"的精神已没有维持的绝对必要。二千年来，近代化的各种道理，如诚意正心修身齐家治国平天下，如仁义礼智信，如礼义廉耻，虽仍谈得很热闹，但大半都成了文章资料与口头禅，实际一离开家族的范围，就几乎完全是尔诈我虞敷衍了事的世界。我们在此种僵化的世界过了二千年的生活，今日忽然又被卷入与春秋战国相似的一个新的近代化世界，一统独尊之下的传统办法当然全不适用。但根深蒂固的陈旧风习，一时又不能全部改变，各种使人不满意的现象自然发生。此种缺憾的补救，并无捷径可循。思想与知识，可靠教育来充实。情感与意志，虽也可受教育的影响，但教育的影响究属有限，最少也是很慢的。抽象的知识，可以灌输；人格的转变，须靠潜移默化。灌输可以速成；移化不能性急。大家若能自觉，认识自己情感上与意志上的弱点，这种移化的过程或者可以稍微缩短，十足近代化的中国就可比较早日的实现。

（原载《北平时报》1947年7月13日）